圖解台灣 30

圖解台灣
行業神明圖鑑
台南體傳統工藝

謝奇峰　著

晨星出版

作者序

各行各業的守護神

　　早期每種老行業都會有其行業守護神，如昔時稱郊商，現今稱商業同業公會者，大都有成立神明會祭祀公業來共同管理會務，其會員稱為爐丁（爐下），在神明聖誕日大家聚餐聯誼感情並交流訊息，並透過擲筊的神意來選出爐主與頭家，來管理會務，且酬神演戲，感謝神明的庇佑，神人同歡共樂。

　　雖然有的老行業因手工被機械取代，或因科學的進步致使材質變更，或因沒有年輕人想學，或因手工業太辛苦了，逐漸走向沒落之途。雖然，社會不會停下發展腳步，一直都在轉型，但也有傳承無缺的行業，筆者即追蹤其脈絡來探討分析。

　　《圖解台灣行業神明圖鑑：台南體傳統工藝》這本書，我花了很多時間做田野調查，主架構是以臺南府城的老行業為主，臺南所沒有的就再找鹿港、艋舺等老城市來補充，「一府、二鹿、三艋舺、四月津」，畢竟每個老城市、鄉鎮所保留下來的文化資產都不盡相同，用廣義的角度來解讀分類各行各業，包含發源於臺灣本土的鄭成功信仰、新興宗教的母娘信仰也都納入，臺灣的民間信仰是相當多元與複雜又兼具包容性，我以介紹行業祖師業，來帶出臺南當代的粧佛工藝，一尊神像會延伸出其穿戴的需求，分

別有神帽與神衣、神轎、頂下桌、頭旗、涼傘、繡旗等，臺南的工藝優質的表現，也造成了臺南傳統藝術產業的蓬勃發展。2000年後，透過網路行銷，本土藝術受到重視，加上信仰年輕化，臺南體神像引領風騷，成了全臺的領頭羊，並帶動了周邊產業的發展。

　　行業神明中也有比較冷門少見的，筆者也拜訪了不少粧佛業者與神像收藏家，來補其不足，只為了能幫眾神宣揚，誕生出一本有質量的好書，希望能對讀者有所啟發與助益。

2022.05.04

目次

總說

百工百業守護神在民間

府城百工圖

■ 行業司阜眾生相

根據清末文獻《安平縣雜記》內工業篇的記載：

> 國有藝事，百工與居一焉，「周禮」「考工記」備列名目。近世以來，工務繁興，非複從前之舊。臺灣貨物多自外來，執藝事者亦來自福、興、漳、泉，而傳授焉。其在「論語」曰：「百工居肆，以成其事」；言工業之有資於人生日用甚巨也。志工業。

當時臺灣貨物多自外來，而不同技藝司阜，則從中國福、興、漳、泉等地來臺傳授其技藝。如《論語》所曰：「百工居肆，以成其事」，可知當時的分工、分類已頗為精細，各行各業蓬勃發展。當時記載已有100個行業別，分類有18類的工匠與82類的司阜，引《安平縣雜記》羅列如下：

1. 木匠：俗名木工。每天九點鐘起十二點鐘止、二點鐘起五點鐘止為一工。工價銀三角。有工半者，黎明六點鐘起至八點鐘止，多領工價銀一角五尖。又有作一切椅棹床几諸木料器棋及箍桶匠等，皆木匠也。建屋宇者，名曰「做大木」；作一切器棋者，名曰「做小木」。有風鼓者，木匠以木製成，中有木扇，以鐵為柄，用手轉之，鼓風而去粟土冗；米店用之。

2. 泥水匠：俗名土工。有大工、小工之分，與木匠一樣。工作工價，每天二角五尖，小工半之。若多作早工者，加給半日工價。凡起蓋廟寺、店厝，要用泥水匠及木匠。

◆ 五帝廟新建時屋宇以做大木的方式完成。

◆ 箍木桶歸類為「做小木」，圖為之前新美街的瑞泰箍桶店。

3. 鑿花匠：就堅木、杉木彫刻一切人物、花草，或廟寺店曆用；或嵌鑲在椅棹床几上面，頗稱工緻。

4. 石匠：臺地石少，需石無幾，堦庭道路及碑碣用，均由廈門等處儎來。琢工，每天工價銀七角。

◆ 泥水匠進行水泥與地磚舖設。

5. 鋸匠：專為杉行及木匠鋸木板。

6. 油漆匠：油漆廟寺、店曆及椅棹等，每日工價銀三角。臺之油漆匠，多係包工、包料者。

7. 竹匠：起蓋草屋及搭涼棚、做竹床、竹棹、竹椅、竹几、竹籃各器棋。嘉義竹匠所作較堅好，係用桂竹、貓兒竹為之，非安平、鳳山竹器所能及。又有做米篩、做一切小竹器及用竹篾組成方長一片或縱橫各尺餘至數尺一丈多者，便人家儲粟、儲地瓜簽，並蓋涼棚用。鄉下農夫有執此業者，亦竹匠也。

◆ 蔡德太師傅進行雕刻鑿花創作。

8. 畫匠：畫地圖及山水、人物、花木、鳥獸及神佛像；或用白描、或用丹青。

◆ 寺廟裡的石雕。

9. **塑佛匠**：或用木雕，或以泥塑，務在能肖其像。又有泥摹印各種人物，供人家孩童玩具者，附焉。

◆ 信二竹店王壬煇師傅編製竹椅作業中。

10. **裱褙匠**：裱褙屋宇及聯幅、法帖、報條，並代製壽屏、壽帳、輓軸、輓聯、牌傘等。

11. **銅匠**：修理並製就一切銅器及鍊成銅鑼。有臺之銅匠所不能造者，概由外邊運來。

◆ 彩繪藝術大師陳壽彝。

12. **鐵匠**：一切鐵器，均資其手。有大爐、小爐之分。

13. **刻字匠**：刻木板書籍及玉、晶、石、牙、角篆隸印章。

14. **裁縫匠**：代人家做衣服；亦有僱女工者。

◆ 木雕塑佛師傅。

15. **繡補匠**：繡一切棹圍、褥墊及蟒袍、裙、戲服等樣。

16. **筆匠**：製尋常之筆；佳者多來自湖州、上海、福州等處。

17. **造船匠**：有南北二廠。北名軍工廠，官設，以造哨船。廠外有民廠，一名曰廠仔，在老古石地方；又有帆廠在其邊。南廠亦設以造船。是亦木匠類也。

◆ 鑄鐵師傅打造鐵器。

18. **剃頭匠**：為人家整理頭髮。

19. **瓦窯、磚窯司阜**：窯在郡城東門外等處；亦有從廈門運來者。

20. **漏窯司阜**：臺之俗語，執工業者，概稱「司阜」。在大東門外新豐等里，燒土為石。以盛

◆ 手工刺繡需要時間與技術的累積。

糖，上闊下尖，其制圓，每石約重二十五觔。
又有石鍋，亦土燒成，石戴於石鍋之上，石下
有孔，以出糖水，點滴歸石鍋，然（後）傾於糖
水大桶。每桶約盛數百擔

◆ 造船師傅尺寸度量中。

21. 鑄犁頭司阜：製造大小犁頭、犁壁、刈刀等項
農人要需，並製船舟定齒暨糖廍用之豬腰燈火。

22. 銀店司阜：一切婦人首飾釵釧、環鐲及什
用銀器，均資製造。

23. 傾煎司阜：傾金銀及錫。

24. 錫店司阜：一切錫器均為所造；亦有自外運
來者。近以馬口鐵製一切器用，錫匠亦能焉。

◆ 與錫料為伍的製錫師傅。

25. 油車司阜：硤花生及烏蔴、白蔴為油，以資
人食及點燈火用。

26. 牛磨店司阜：磨小麥及地瓜簽為粉，以便作
麫線及作大麫、龜、粿、餅料等食品之用。

27. 染房司阜：所染烏布、藍布為多，近有染各
色洋布及綢緞者，名曰「紅房」。

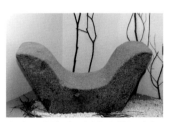
◆ 古早的染房需以人力雙腳站上
「研布石」兩端，產生類似翹
翹板原理的重力輾壓布匹。

28. 藥店司阜：製藥最不容易，必依法炮製，方
能醫治。

29. 鞋店司阜：一切緞鞋、油靴、雨屐及各式綢布鞋，均能製之。凡製就
一鞋，必經數人之手而成；大半資於女工。

30. 帽店司阜：製造涼煖大小各帽及秋巾。

31. 襪店司阜：以土布及洋布為之，備大小男
女用。有夾以裏，有不夾以裏布者。

◆ 府城老店古井中藥店。

32. 修理玉器司阜：玉環及一切圓玉，用鐵沙

以車之，使光滑。又玉器打折，釘以縎之，非用鑽石，不能引孔。

33. 修理鐘錶司阜：僅能修理，不能製造。各商業所用天秤，亦兼修理焉。

34. 修理眼鏡司阜：販賣各樣眼鏡及修理舊眼鏡。

35. 織番錦司阜：臺南城內，只有一家，並織番布，字號「雲錦」，住上橫街。

36. 紙店司阜：一切賬簿、手摺、格紙、稟帖，均資印造。

37. 做粗紙司阜：粗紙以蔴竹、莿竹濕極腐爛為之。嘉義近雲林一帶出焉。

◆ 早期涉及到近代精密機械的鐘錶或天秤等，都需要修理鐘錶師傅。圖為陳宗輝師傅（1930～）。

38. 糊紙店司阜：以竹篾為骨，紙根縛之，然後用各色花紙、白紙糊成厝屋、樓閣及亡者形相，一切奴婢、跟隨僕從及紙轎等樣，撤靈後在曠場燒化，備亡者冥間之用。又喪事延僧道超度亡魂，俗名「做功德」；撤靈過旬，必糊四金剛及庫官、庫史、功曹等。又里社區街建醮，糊八仙、八騎，朱衣金甲。若做七七四十九天大醮，糊二十八宿星君神像，均資其手。

39. 香店司阜：買大陸運來香木，製成香線、唵叭各香束。

40. 油燭店司阜：煮牛油，外蓋以蚋，成大小燭，亦有不用牛油、用火油和蚋而成者。名曰菜燭。

◆ 府城紙糊店金芳閣創辦人陳金泳工作照。

41. 銀紙店司阜：剪粗紙縱四寸零、橫三寸，中鋪一小錫箔縱橫各寸許，用赤荼煮糜粘之；凡中元普度及年節祭祖先燒焉。每二、三十

張，即名為一百葉，約大錢四文。中元普度有
燒至數萬葉者。若錫箔蓋以槐花，色黃，名曰
「金仔」，每百葉亦約大錢四文。

42. 粉店司阜：粉石色極白，從廈門及鳳邑打
鼓山運來，每塊重十斤、八斤不等，舂之使
碎，用牛磨再三磨之，又再三濾之，使乾淨細
膩，然後即成圓塊，便婦傳面之用。每塊大錢
數文。

43. 玻璃燈司阜：用玻璃片邊，夾以木或夾以
馬口鐵為大小燈。近洋燈盛行，玻璃燈銷售較
少。

44. 做燈籠司阜：用竹做小篾為胎，外以紗或
紙糊之；燈號姓字各別，書以銀硃。

45. 什貨店司阜：染五色線及打一切絲線辮結。

46. 做頭盔司阜：神佛盔帽及戲班盔帽，均倣古制度之。

47. 弓箭店司阜：武試及營伍用。

48. 馬鞍店司阜：作大小馬鞍，便騎馬者用之。

49. 做皮腰月斗司阜：臺民盛行用鹿章仔皮牛皮、製成腰月
斗及煙袋。

◆ 百年老店吳萬春香舖手工製香。
製香師傅吳博男（1945～）。

◆ 臺南米街銀紙店。

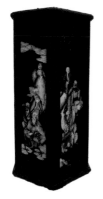
◆ 用玻璃畫的「琉璃
光佛」燈座，現代
已較為少見。

◆ 燈籠師傅進行彩繪。

◆ 製作神佛盔帽。

50. 花炮戶：古名爆竹，造一切大小紙炮及各樣大小花炮。花炮者，火藥和銑粉為之，或用紙裹，或裝在小竹筒中，以火燃之。火中騰出各樣花卉，如水梨花、柳花、滴滴金之類，頃刻而滅。臺人名曰「煙火」。亦有粘在紙上，以火燃之，隨現字形。

◆ 古早時候的茶碗補丁。

51. 角梳店司阜：買牛角做大小角梳並一切小器具。

52. 車加轆司阜：一切大小器具及木燭臺，均資手造。

53. 棕印司阜：做棕印，便糖業及行商印簍箱面為記之用；兼修理蔴布袋。

54. 製繩索司阜：做一切大小棕繩、蔴繩，以便什用及船中用，俗名曰「打緓」。西門外，有打棕街焉。

◆ 府城的百年老店榮木蒸籠木桶行。

55. 釘糧、釘稱司阜：便各業買賣之用，昭公平也。

56. 做皮箱、枕頭司阜：臺之皮箱，馳名遠近，純用牛皮故也。枕頭，則外來者為佳。

57. 補鍋司阜：有補銑、補銅之分。

58. 補碗司阜：以銅釘兩邊，縮之使不相離。工價每釘十文、五文不等。非用鑽石不能引孔。

59. 補硿、補甕司阜：用銑粉和鹽滷以補之。

60. 做甑籠司阜：供一切炊粿及什用。

61. 做水車司阜：引水灌田之用。每尺工料銀一元，長一丈至二丈不等。

62. 做轎司阜：臺皆竹轎，非若福建等處轎底及轎杆用竹、上面及四周以布環之而已。

63. 織蓆司阜：用草織成；女工亦能之。

64. 做籐司阜：供一切什用竹椅面而已。若籐床、籐籃等等籐器，均自外來，臺地不能做也。

◆ 永川大轎神轎作品。

65. 做土籠司阜：土籠者，竹篾箍成，中實以土，分上下層焉。有土籠齒九層，木片為之，以便碾粟，使坵去而為米。

66. 鼓吹店：有彩轎、哖轎、鼓樂八音，民間嫁娶僱用之。亦有珠亭、鼓亭、哖轎、鼓樂八音、棺罩、香旛等，備人家喪葬僱用。

◆ 金來鼓亭鼓吹店樂器。

67. 草花店司阜：剪通草及洋布、絨片、綢片為花。

68. 醬間司阜：一切醬料及豆油均資其手。臺之豆油勝於他處。

69. 餅店司阜：製造一切餑餑、糕餅諸點心食品。

◆ 臺南舊來發餅鋪。

70. 麥芽膏糖司阜：用糯過炊和麥芽熬煮去渣，再熬成膏。

71. 包仔店司阜：做各式麵包及雞蛋糕，以供點心。

72. 粿店司阜：做各樣粿品及糕餅料，並煮冰糖、冬瓜等，兼賣黑糖、白糖。

◆「Q米粿廚房」的招牌古早味鹹粿。

73. **做麵司阜**：用小麥粉做麵線、大麵，用豆粉做豆簽。

74. **酒店司阜**：糯米、地瓜均可釀酒。凡佳釀多自洋船運來。

75. **香油店司阜**：用黑、白蔴磨作香油，以供人食。

76. **焙茶司阜**：茶之焙也，用簷葡、樹蘭、茉莉、秋桂各花攪入，收其香也。焙完用篩篩去花朵、花米，其茶即名曰「花香」。

77. **煮洋藥司阜**：洋藥舖僱用之。若人家倩煮者，每件工銀五角。

78. **煮糖司阜**：事詳糖（原文農）業。

79. **蓋糖司阜**：並煮赤沙糖，事詳糖（原文農）業。

80. **做牛車司阜**：即周禮輪人、輿人之職。用堅木為之，輪圜以木板，心有孔，橫貫堅木，無輪與輻之別，取其利便。駕以兩牛，拖儎各物。又編竹之為箱，在牛車上，名曰笨車。

81. **木屐司阜**：用木削成。

82. **棺材店司阜**：用大小杉木作成棺材。

83. **熟牛皮司阜**：將生牛皮浸礬水以烟薰之晒乾，曰熟牛皮方，作箱盒等器。

84. **做苧仔司阜**：做苧之法，砍苧樹去葉皮枝，剝去外皮，用水浸之，再去粗皮，而苧成焉。廣東等處多購買之。

◆ 做麵師傅以手工打麵。

◆ 老店金德春茶舖創立於清同治7年（1868）。

◆ 香油店內悶蒸芝麻，供研磨備用。

◆ 財源棺木店內，師傅正在製造棺木。

85. 做米粉司阜：用粳米磨漿，擱入筒內。筒邊數孔，用木豎入，筒上再用一大木，橫壓豎木之上，使粉條逐一出在鑊內滾水中，使之熟透。再擱在冷水中候冷，疊為細摺，晒乾，合數十摺為一把。賣人家煮食，每把約大錢數十丈。

86. 福員肉司阜：俗名龍眼乾。樹上採下，以火焙之，去坑與核者。名曰「福員肉」。

87. 織魚網司阜：用苧線織成大小魚網罾等取魚器具。

88. 燒更煉司阜：取山中有煉草木燒成，再用水熬煮之而成煉。

89. 豆干店司阜：作豆干、豆腐及豆腐皮，供日食之需。

90. 燒灰司阜：燒蠣房以為灰，便建築之用。又有石灰者，採崗山及打鼓山白沙石燒之成灰，亦便建築用。

91. 屠戶：有宰牛、宰羊、宰豕之分。

92. 做蚊煙筒司阜：夏天蚊多，以長筒入杉木和砒、石油、粇末，夜間燒之，以避蚊。並糊紙鳶，八、九月小兒買之，用線戲放。

93. 檳榔司阜：用新菁仔及乾菁仔子裹以荖葉，內抹極細、極淨之灰，供人家嚼焉，以辟瘴。又有蔞籐，夾以新菁仔子者，味極辛香（一作浮留籐）。

◆ 以傳統柴燒烘焙龍眼乾。

◆ 修補漁網作業。

◆ 豆干店司阜。

94. 廚子司阜：為人家辦肴饌。

95. 做米、舂米司阜：米之做也，用土籠磨之，使米與坑分，乃放在風鼓上，風鼓去坑；俗名粗糠。斯時，坑去而米未淨，再用竹篩篩數遍，始存淨米；名曰「糙米」。然後用腳踏石礁舂二三千下，舂完篩去米糠、碎米，始成白米。

96. 琢火石司阜：火石均由暹邏國運來，用鐵斧琢片，以便用火刀擊之而取火。

97. 做烘爐司阜：炭火既然；可以盛銅鐵陶器煮一切食物及沸湯。臺之烘爐，不及內地堅實。

98. 做釣鉤司阜：用鐵打造大小漁釣鉤，以便釣魚用。

99. 閹牛、豕、雞司阜：閹公牛、雄雞、雌豕等畜。

100. 烟斗司阜：做各色樣洋藥烟斗，俗名「鴉片烟頭」；並做洋烟筒，俗名「鴉片烟吹」。有用甘蔗藁為之，有用竹為之，吃洋烟者買用。

以上共18匠、82類司阜，再加上鑄犁頭司阜、銀店司阜、傾煎司阜、補鍋司阜、藥店司阜、香店司阜、檳榔司阜、糊新店司阜和修理玉器司阜等，總稱「100司阜」，一方面精準細分各行各業工作內容；一方面也可了解到，當時各行業在一般常民生活中的應用情況。

圖解臺南體粧佛鑑賞面面觀

■ 打粗坯

　　打粗坯，是打出神像粗略的架構。必須注意到神像身體的各項比例是否適宜、體態能否自然表露、刀法是否俐落流暢、神韻姿勢的掌握是否傳神，一般都由資深的師傅或老闆來操刀。然後再細坯修光，給予精緻化，修出原來的面貌，軀體的手腳細節、衣服裙帶之皺摺線條、甲路淺浮雕的表現、手指的細部特寫等，使其形態精緻有型。

◆ 挑選好木，以手繪太子爺神明圖像。

◆ 下刀雕琢心中的立體圖樣，慢慢去蕪存菁。

◆ 體態自然表
露，衣摺線
條逐漸浮
現。

◆ 太子爺的形象
逐漸成形。

◆ 精緻化整體形
貌與線條細
節，再細坯修
光。

◆ 太子爺彩繪
上金。

■ 臺南體神像賞析──以唐賢閣太子爺神像為例

唐賢閣以太子爺與軟身神像聞名。主持人鄭賢仁（1961～），臺南關廟人，國小畢業後，在鄰居的介紹下向「金芳閣」陳金泳學藝。出師以後，自行接案，亦曾到師兄「唐華閣」曾應飛處幫忙工作，直到26歲結婚後自行創業。鄭賢仁的師傅陳金泳替他取店名為「唐賢閣」，曾在臺南開業多年，後搬遷至高雄至今。

● **唐賢閣太子爺神像欣賞**

太子爺面部展現
天真微笑

太子爺背面的
粉線配色

彩繪細緻，
面面俱到

整體線條流暢

活靈活現的龍體

唐賢閣太子爺作品

■ 臺南體佛帽賞析——以金冠佛帽太子冠為例

佛帽設計理念

`「帽子是配角，神像才是主角」`

　　「帽子不能搶了主角的風采」，是重要的佛帽設計理念。主次關係在於藝術欣賞上是非常重要的一環，過大的帽子，在視覺上會讓神像的臉變小，反而影響到整個神像的比例與風格。以金冠佛帽郭春福師對佛帽的設計規劃，一定是配合神像風格為主，來他這裡做帽子，很多是名師的神像作品，「我的帽子不能破壞了他的風格」，這是春福師做帽子的原則，他設計的帽子一定非常合宜，講究結實精巧簡約風格。

太子冠佛帽細部
特寫

佛帽的設計須符合整體
比例，不可過大。上下
接合也需做到精準無縫

佛帽後遮柳絲，
彩繪雙龍壽字紋

太子冠測照，展現
精湛工藝

◆郭春福佛帽作品。

　　銀帽太子冠後筒是圓型的，製作時只要一齒有差錯，稍微不準，上下就無法拚湊起來，就像人生的道路一樣，踏出的第一步有差錯，後面的道路就會愈來愈歪，愈差愈多，春福師的佛帽是精密製程，一定要抓好十字線，十字線一定不能有差錯，因為一步有差錯，就影響到後面，一步錯就步步錯，工藝過程亦能體會人生道路。

特別注重「體」與「面」

　　「體」：是主視覺，一定要體形完美流暢，要求帽盔圓頂球形的上下接合做到精準無縫，圓形的帽筒必須上、中、下的十字線都要搭配的剛剛好，雖是用手工的，也不能有絲毫的閃失，不然整個組合起來就歪七扭八，毫無美感。

　　「面」：是次視覺，帽筒上的紋飾，每個小細節都要到位，看似簡單，要做到能「清氣相」，都需要時間的淬鍊。帽筒焊接的纍絲螭虎龍紋圖案，線條優美典雅，方寸的空間表現出龍首、龍角、龍眼、龍眉、龍鬚、龍身、龍足，相形之下，手工的工藝美學，與一般速成帽高下立見。

◆ 唐賢閣太子爺裝飾的神衣。　　　　◆ 太子爺神衣側面。

　　繡藝注重的是針黹、線材與畫工，繡莊出品的繡補項目，常見金銀線代替綜線，以二條蔥線、三條蔥線，其釘繡出圖案的針法，依外型則粗分為：

　　一、平繡：細分有盤金繡、圈金繡、古體麟、跳紗。

　　二、高繡：布面上以棉花固定為墊料，再將蔥線盤於墊料之上，讓圖案展現立體效果。

高繡

平繡

◆ 勝華繡莊桌裙。

◆ 細緻的劍帶。

劍帶：為金銀五彩蔥線的「平繡」非常細緻，以二條蔥線釘繡出雙龍圖案的針法，五彩金銀蔥線讓其正面圖案呈現金光閃閃的色澤，璀璨亮麗，彰顯神氣。

龍鱗：勝華繡黼龍鱗的作法稱為「螺胚」，乃取形似螺殼外型而名，在繡地上鋪以綿球用白細線逐一固定，先一針一針將銀蔥線盤於表面，再將金蔥線盤包於表面，工序相當複雜與費工，也凸顯其繡工精細、針法活潑、圖騰活潑、色彩典雅的藝術風格。

手包：平繡 + 高繡（以棉花固定為墊料，再將蔥線盤於墊料之上，讓獅頭的圖案展現立體效果）

◆ 勝華繡黼的龍鱗技法。

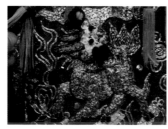

◆ 背面有回首麒麟，腳踏四寶。

◆ 具有立體感的手包。

勝華繡莊

　　勝華繡莊於1955年由王依春（1911～2012）所創立，當時在台南民權路社教館舊址對面，店名是「勝華禮品繡莊」。早期營業項目是以聯彩、喜幛、錦旗、繡旗、八仙彩為主，隨著時代的轉變再專攻廟宇刺繡物品及宗教節慶飾品。繡黹技藝起源於現任第三代負責人王蘭貞、王蘭玉的祖父王鴻謀開始，第一代王鴻謀在中國福州即以刺繡為業，再將其技藝傳授給其子王依春，王依春在日昭和8年（1933）來台工作，擔任繡莊的師傅，1947年再接其妻王林幼俤與女兒一起過來台灣，目前技藝傳承已有四代，王鴻謀→王依春（1911～2012）→王蘭貞（1942～）、王蘭玉（1946～）→王浩宇（1977～）。

◆ 勝華繡莊。

◆ 勝華繡莊桌裙作品。

◆ 傳統藝術「繡黹」保存者王蘭貞。

◆ 手工刺繡作品。

　　王蘭貞、王蘭玉姊妹師承父親王依春衣缽，王依春為百年人瑞，從畫稿、鋪棉、刺繡、金蔥勾勒、整理收尾、開面結裡，可以從頭做到尾，兩姊妹成功國小畢業後開始學習，從事繡補業至今皆有一甲子的功力，為傳統技藝努力不懈。王蘭貞於2015年被臺南市政府登錄為傳統藝術「繡黹」保存者。

　　勝華歷經五次的搬家，從民權路到大上帝廟北極殿附近，再到民權路、衛民街，2019年才於現址安定下來。目前訂單都以客戶訂製品為主，跟一般市場區隔，訴求佈局主次分明、虛實相生，構圖靈活生動，配色華美典雅，擅用漸層色，加上女性細膩的針繡技法，因此每件都是特別量身訂做，與眾不同，贏得全臺宮廟神壇與收藏家的青睞，客戶們為收藏一件繡黹好作品，皆寧願等待。

 勝華繡莊
地址：台南市東區前鋒路119巷6號　　　電話：06-2343479

■ 臺南體刺繡賞析──以勝華繡莊為例

萬福庵老頭旗。

　　刺繡是於布面上施以繡線成圖案，做穿針引線、上下運針動作，也稱針黹，傳統上多由女性從事，亦稱女紅。

　　繡黹則是民間俗稱的繡補，於布疋（繡地）上表面繪以吉祥圖案、再繡以彩色線料，金銀繡線為其使用主色，再輔以五色繡線，府城舊城區內宮廟神明眾多，祭祀活動頻繁，祭典所用的繡品，如八仙彩、桌裙、旗幟、涼傘、佛衣等皆是其經營項目。古籍《安平縣雜記》工業篇即記載：「繡補匠，繡一切棹圍、褥墊及袍、裙、戲服等樣。」《臺灣府志》則記有：「臺灣婦女，不事紡織而善刺繡。刺繡之巧幾邁蘇杭。」

光彩繡莊的手繪稿件。

圖解金銀繡線

盤金繡：在平整的圖案上盤滿金（銀）蔥線，繡線其線條方向依樣式盤旋的繡法，金銀蔥線讓正面圖案呈現金光閃閃的色澤，璀璨亮麗，彰顯神氣。

圈金繡：用蔥線繡出圖案的邊框，框內保留布料顏色。

金蔥跳紗：以紗線為橋，將成排蔥線交錯跨越紗線以營造出編織紋線果。表現於龍、獅、麒麟等祥獸動物身體，常見到三條蔥跳紗。[1]

施繡蔥線股數越小、越少，越顯費工，也顯現出繡品的細緻程度。繡黼的平繡，是以金銀蔥線粗細並以股數區分，金銀蔥線釘線的細粗精緻度以 1～5 條數的蔥線並列盤繡，股數條數越少，則更費工，也越珍貴。

---

1. 文資局〈織品文物保存緊急維護教育推廣與工作坊〉期末成果報告書，2021 年。
 黃翠梅，〈臺灣首廟天壇藏珍——繡藝百品〉，臺灣首廟天壇，2021 年。

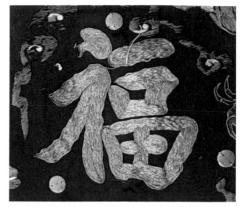

◆ 日治時期老作品，萬福庵老頭旗，「福」字盤金繡。

◆ 神衣背後的麒麟圖是跳紗，周圍是圈金繡。　◆ 圈金繡技法。

◆ 良皇宮雅成社繡旗上的獅子、雙龍是金銀蔥跳紗。　◆ 跳紗神衣作品。

■ 神明衣造型上的意涵

「人要衣裝，佛要金裝。」一般神佛像的造型，由於民間長久以來受到《封神演義》、《西遊記》、《三教搜神大全》、《北游記》等神魔小說，以及影視媒體傳播印象的影響，在透過想像與藝術創作形塑神明的威嚴與神韻時，都會參考歷史典故與成神背景，以摹擬五官與衣著造型，透過還原其歷史形象來傳達教義精神，讓信眾能起景仰崇拜之心，得到精神上的慰藉。

「服式」是古代人物造型的重要依據，能體現朝代特徵、人物身分與個性特點。隨著歷史發展，衣服從單純的防禦寒暑，進化為封建制度用來區分尊卑貴賤階級的象徵，因此產生「帝服十二章」與「四時衣」等制度。《冕服考》便記載：「古天子冕服十二章，日、月、星辰、山、龍、華蟲繪於衣，宗彝、藻、火、粉米、黼、黻繡於裳，諸侯九章，伯七章，子男五章，卿大夫三章，虞制如此。」章紋是做為象徵身分地位的規定，天子為十二章，按品位遞減為九章、七章、五章、三章，是為章服之始。章與彰同音，具表彰顯之意，每一章紋皆富其含義，以示其德性操行，象徵其地位的尊貴。服式的變化會與時俱進，到了秦漢時就有基本的形制，唐、宋、元、明大體承繼其傳統，在服式的長短、寬窄、紋飾做調整與變化。[2]

唐宋時期，實行「品色服」制，依衣服的顏色來區分社會等級。唐朝，三品以上官員著紫色，四五品著紅色，六七品著綠色，八九品著青色，黃色開始成

◆ 勝華繡莊的奉帽龍體活靈活現。

2. 黃輝，《中國古代人物服式與畫法》，上海人民美術出版社，1987，頁26-27。

為皇帝的專用色。[3]黃、紫、朱、綠、青、黑、白七色，成為封建社會結構中的等級標誌，大小官員、平民百姓的品秩依顏色序列來區分，不得僭越與錯亂。

神明衣所用的圖騰題材，仍以龍鳳圖騰為首，吉祥圖文為輔，搭配其神職階級來做變化，因屬性不同而有不同的服裝與顏色。《通俗編》禽魚篇提到：「蛟龍得雲雨，終非池中物。」因此繡有龍的紋飾上部常會配予祥雲廣布，下部會配予海浪並有波濤翻滾之勢；海浪亦可解釋為海潮，潮與朝同音，亦為朝官服紋飾；下擺海浪中間會立有山石，海水衝擊山石謂「江崖海水紋」，寓意「江山」，昭告天子主宰社稷江山、福山壽海、擁有山一樣的永恆力量。[4]

民間信仰的帝級神祇與王爺所穿的袍服，一般稱為蟒袍，與皇帝所穿的御袍是有階級的差異，不得僭越，因為神祇受到敕封是受命於天，由皇帝來頒賜才始有。蟒紋和龍紋從外觀上看來十分雷同，常為盤龍形象；差別在少一爪子，其圖紋排列，匠師會依空間的大小配置，隨其所好，而有不同的表現，而女性神祇則以鳳紋來代表地位崇高。

◆ 軟身蟒袍作品。

◆ 臺南大天后宮軟身媽祖。

◆ 臺南大天后宮媽祖軟身神袍。

3.〈為什麼古代各等級衣服顏色不同〉瀏覽網址：https://kknews.cc/zh-tw/history/zmq62jp.html
4. 張淑君，〈府城宗教服飾刺繡工藝之研究〉，台南大學台文所碩士論文，2018年。

士農工商

百工信仰在民間

「士」農工商士大夫

教育之神與考試之神

《安平縣雜記／節令》載：「又士子以七月七日為魁星誕，多於是夜為魁星會，各塾學徒競鳩資備祭品以祀，亦有演戲者，歡飲竟夕，村塾尤甚，是日，各塾放假，學徒仍呈節敬於塾師。」

古代士子，雖稱為孔子的學生，同時卻也崇拜文昌神。五文昌是指文昌帝君（梓潼）、文衡聖帝（關公）、孚佑帝君（呂洞賓）、魁星和朱衣五位。自古以來，稱狀元及第為「大魁天下」，因此士子們尤喜奉魁星爺，希望能得到其護佑，祈求考運亨通、科試及第、獨占鰲頭。

◆ 祀典武廟西社，奉祀五文昌帝君。

◆ 祭孔後，爭拔智慧毛。

◆ 奎樓書院留下的文昌帝君神位牌。

◆ 玉皇玉聖宮的五文昌帝君，左起分別是魁星星君、文衡聖帝（關羽）、文昌帝君（張亞子）、孚佑帝君（呂洞賓）、朱衣星君（或說是朱熹）。

■ 文昌帝君

◆ 中國四川的文昌梓潼帝君。

　　文昌帝君稱文昌梓潼帝君、梓潼帝君，其信仰來自中國四川梓潼縣之文昌宮。文昌宮的前身為「亞子祠」，為紀念晉代的張亞子所修建，最初是被當成雷神祭祀，後來成為梓潼地區的重要神明，是東晉蜀王張育（生前起兵對抗前秦）結合梓潼地方信仰，與文昌星君等三個神靈複合而成文昌帝君，為職掌文運與考試的神明。

　　目前在民間信仰中，廣為流傳的善書〈文昌帝君陰騭文〉，據傳是託名文昌帝君降筆寫成，內容主要是鼓勵大家要相信因果禍福自招，行善積陰德，行善者得吉神擁護、作惡者自招災厄等道德勸說。

◆ 文昌帝君老神像。

皮面開金

　　皮面工藝作法，民間匠師稱為「開金」，是雕漆工藝的則稱為「剔彩」。神像木坯胎體上施作工藝的工序是先（1）安金箔→（2）上彩→（3）剔彩。由於非常費工，在臺灣已很少匠師在施作，若用顯微鏡放大來看其表面層次，果真是最外層為彩繪層，中層是金箔層，最內層是坯土層。

◆ 文昌帝君
老神像。

◆ 文昌帝君的開
金特寫。

◆ 文昌帝君另一側面。

■ 魁星爺（福州派祖孫作品）

造型特色

　　魁星造像以「魁」字望文生義形塑而成，如鬼之臉，右手高舉硃筆，左手執墨斗，右腳立於龍頭魚身的鰲頭之上，左腳向後蹺起如踢星斗，表示在用筆點選中試者的名字，這就是「魁星踢斗，獨占鰲頭」由來。

右手高舉硃筆，
左手執墨斗

如鬼之臉

右腳立於龍頭魚
身的鰲頭之上，
獨占鰲頭

魁星爺的五官似
鬼臉

右手拿文昌筆，
左手持元寶

◆ 魁星爺，林亨琛作品。

◆ 身穿朱衣的魁星爺，林貞鐃作品。

■ 陳信銘 & 唐國泰的魁星爺作品

魁星爺穿戴的
神帽

魁星爺側臉

粉線細緻的一品
官鶴紋

穿朱衣，左手水袖

青面獠牙的
鬼臉狀

魁星爺後側，講究
畫藝，細緻呈現

◆ 魁星爺創作。

陳信銘（1974～），國中畢業後，16歲到泉州派來佛國跟隨蔡金永正式學藝，退伍後再到閣派的金唐閣當師傅，一待就17年，2014年後開始創業至今，負責神像打坯、神像修復。

◆ 陳信銘（右）與唐國泰（左）。

唐國泰（1980～），東海大學歷史系畢業，退伍後24歲，對粧佛彩繪有興趣，入金唐閣從學徒做起，一待10年學藝有成，2014年與陳信銘合夥，出來共同創業，負責皮面彩繪。

陳信銘 & 唐國泰佛店

陳信銘 & 唐國泰佛店
地址：台南市南區金華路一段484巷220弄15號

人樂軒

林亨琛（1896～1970），外號一粒瘤，是福州籍閩侯縣（現稱林森縣）的粧佛師傅，育有三子，長子林利釘、次子林利雄、三子林利銘。昭和2年（1927）來臺，後因爆發抗戰，於昭和12年（1937）全家返回中國，直至戰後，1947年3月再度來臺，於現址開設「人樂軒」至今。

◆ 林亨琛被《台南新報》報導，昭和7年（1932）4月14日。

◆ 林亨琛肖像。

◆ 林利銘（左）與林利雄（右）。

福州派粧佛工藝傳承，採開放性，不像泉州派的家族相傳，因此戰後1950～60年代，達到鼎盛，當時「人樂軒」含學徒人數多達二十幾人。分枝散葉傳承開來，遠至南臺灣高雄、屏東一帶。風格寫實誇張，體態動感修長，眼睛喜入童子眼，擅凶面王爺體。

戴上神帽的邢府千歲

邢府千歲眼神銳利

◆ 開基共善堂鎮殿邢府千歲。

昭和8年（1933）開基共善堂鎮殿邢府千歲為其代表作品。民國40年間，在臺灣府城隍爺、八吉境五帝廟五顯大帝、祀典興濟宮保生大帝、米街廣安宮池府千歲等，都留下大尊的代表性作品。

◆ 五帝廟五帝爺整修前樣貌。

◆ 臺灣府城隍爺。

◆ 廣安宮池府千歲。

興濟宮保生大帝

◆ 興濟宮保生大帝。

◆ 興濟宮保生大帝。

◆ 興濟宮保生大帝。

臺灣府城隍廟及縣城隍廟與二十四司

　　城隍信仰於明朝時進入國家的祀典體制，各地城隍廟依在地的行政區而分有都、府、州、縣四個級別。神職除了是神靈世界的各級地方官，變理陰陽、驅除瘟疫、延人壽命，還包括科場功名之事也是其職能所在。

　　所以在城隍廟內也開始出現有下轄陪祀的司官，現臺灣府城隍廟威靈公與臺灣縣城隍廟顯祐伯城隍爺旁都陪祀有二十四司官，模擬古代官府配置，如同今各行政部會的職官來協助城隍爺辦公。

　　每逢考季一到，城隍廟中以「學政司」、「考功司」二位處香火最為鼎盛，學政司是掌管學子考運，考功司則是想升官考核績效成績。

◆ 臺灣府城隍廟二十四司。

◆ 臺灣府城隍爺。

◆ 全臺首邑縣城隍爺。

◆ 臺灣縣城隍廟二十四司。

參考資料：
林俞君，〈從城隍廟陪祀神觀察城隍神的角色與職能 - 以臺灣本島城隍廟為核心〉，2014年國立政治大學宗教研究所碩士論文。

警界治安維護，神明保境安民

警界神明

　　警察的任務為「依法維持公共秩序、保護社會安全、防止一切危害、促進人民福利。」警察局屬於公署單位，局所內會拜什麼神明？基於每個人的宗教信仰不同，是不

◆ 臺南市政府警察局第二分局。

一定都有拜，警察給人是忠勇剛正不阿、打擊犯罪的形象，一般人常會將其與關公忠義伏魔的形象結合在一起，以為他們都會拜關聖帝君，其實不然，反而是跟失竊案所留下來的落難神明較有關連。查無失主的神明，事後經警方擲筊，取得神明的同意而留下來保護大家，警察為維持秩序，每天都需面對不同的挑戰，有宗教信仰的慰藉就非常重要，偵查隊常接觸刑事案件，為祈求轄區內治安平穩、刑案能迅速破案，同仁工作順利，出入平安。常見有供奉的神明，如轄區境主廟神明、關公、媽祖、保安廣澤尊王、包公、王爺、太子爺、虎爺等。

　　警界也需要結合寺廟、社區等在地力量，如同土地公保境安民的精神，人神之間微妙交流，一起共同打擊犯罪，共創安和樂利的社會，不管什麼宗教信仰，都是一種勸人為善，穩定人心的無形力量，也讓警屬家眷們能有心靈寄託之處，所以不僅警員個人拜，而且警署還會在特定的日子，內部組織集體參拜，祈求勤務平安，大家身體健康。

■ 結案有故事

立姿右手持關刀，左手比劍指的關聖帝君，這件作品是台南王仕吉師傅承作的，2004年總統大選前夕，前總統陳水扁在台南掃街時發生319槍擊案，當時二分局刑事組為了該案件可說是焦頭爛額。在雕刻關聖帝君10月12日安座完成後三個月，才把阿扁總統在金華路的槍擊案（屬於他的轄區）給結案。

◆ 警察分局內偵查隊內供奉的關帝。

右手持關刀
左手比劍指

關聖帝君像

◆ 關聖帝君像。2004年10月12日，王仕吉完成雕刻作品。

■ 善化分局保安廣澤尊王

臺南市政府警察善化分局偵查隊裡面，是供奉保安廣澤尊王九太保，分靈自善化一明堂（主祀保安廣澤尊王）。資深的唐偵查佐說：約在1996年間，局內人員有一陣子不太平安，後聽聞聖王公威靈赫奕、保安天下，經人介紹至轄區境內善化一明堂，奉請保安廣澤尊王九太保（卜杯聖示）回局內安鎮，從此以後，局內也逐漸平安順利，神恩浩蕩，廣祐黎民。所以，每逢善化一明堂回祖廟西羅殿進香，局內的九太保也會跟隨一明堂回去謁祖進香，宗教信仰貴在能安定人心，讓大家有所依靠，也融入善化分局人員的生活。

◆ 保安廣澤尊王九太保，分靈自西羅殿。

◆ 台南市政府警察善化分局。

◆ 保安廣澤尊王神位，在偵查隊內的邊室。

■ 新營分局黑面三媽

　　新營分局天上聖母黑面三媽，是在1990年警方偵辦神像竊案，黑面三媽是唯一未被竊嫌「退神」的神像。當時被竊嫌請至後壁下茄苳泰安宮暫時寄放，破案後，分局從泰安宮迎回媽祖，因無失主前來認領回去，三媽從此由分局偵查隊供奉，變成分局守護神。偵查隊遇到棘手的刑案，也會請示三媽指點迷津，果真神威顯赫、暗中默佑，也屢顯神蹟，讓警方迅速破案。

◆ 黑面三媽常協助破案，敬獻的金牌很多。

　　每到農曆3月23日「媽祖生」，分局長會帶領同仁集體祝壽，並有同仁、警友、鄰居帶來壽桃、壽麵、鮮花、水果、化妝品、面膜等供品，前來參拜並幫媽祖祝壽，並有酬神的布袋戲，非常熱鬧。

◆ 臺南市新營警分局。

◆ 臺南市新營警分局偵查隊內也拜乖乖。

■ 朴子分局包青天

　　朴子派出所內會供奉包青天，緣自民國84年間，有民眾報案在轄區龍樹亭廟旁樹下，有一個香籃內放置有包公、娘媽等神。遂被帶回所內待領，員警暫時將神尊供奉在辦公桌上祭拜，因無人來認領，後來又有民眾拾獲一尊關聖帝君，派出所遂設神案集體安置，員警並每天早晚上香，由於民間習俗供像四數較不好，派出所於是再到境主廟朴子配天宮迎請黑面三媽，五尊神像坐鎮派出所內，據傳所內辦案如遇上瓶頸，向包公祈

◆ 嘉義縣警察局朴子分局。

求靈感保佑，都會破案，屢見不鮮，神像都掛有紅包的答禮可資證明。

　　每逢包府千歲聖誕千秋日，朴子派出所內同仁均會自動自發陪同包公回祖廟雲林縣三條崙海清宮進香，希望在包公爺的庇祐之下，讓轄內治安平穩，同仁身體健康。

◆ 神案上有5尊神明。

◆ 朴子派出所供奉鐵面無私包青天。

■ 中央警察大學福誠宮

　　進入警大校園（進校門口左側）有一座土地公廟，原名是誠園土地公廟，建於1987年。「誠」是警大校訓，是警大師生的信仰中心，少見土地公還兼有文昌帝君的神職，一到考試季節，更是香火鼎盛，都會湧入要報考本校或要考特考的考生，到此祈求金榜題名，許多考生上榜後，也不忘還願奉獻，所有的捐獻，同時做為校內急難救助，協助遇到急難或家境清寒的警大人，這是警官人員的共同回憶。

　　2021年1月，校長陳檡文上任後至本廟參拜，發現廟頂有傾斜情況，遂有重建之議，將廟體擴大升高，分上、下兩層，上方供奉土地公、觀世音菩薩、無相如來，下方供奉「虎爺」，東側供奉「樹靈公」，並定名為「福誠宮」，希望在校內的土地公庇佑下，師生能「福至心靈，親愛精誠」，並於5月安座完成，呈現嶄新面貌。

◆ 中央警察大學內有一座土地公廟福誠宮，於2021年重建完成。

中央警察大學福誠宮（土地公廟）
地址：桃園市龜山區樹人路56號

◆ 中央警察大學有一座土地公廟福誠宮。中央警察大學／照片提供

◆ 上層土地公，下層虎爺。中央警察大學／照片提供

◆ 東側樹靈公。中央警察大學／照片提供

■ 警專學校廣澤尊王祠

　　警專學校廣澤尊王祠平常不開放給外人入內參拜，需透過公文往返才得以進入。據傳聖王公很靈驗，原本是在現址上方後山的50公尺處，前校長何明洲慈悲為懷，見雜草叢生，廟祠失修，心疼神明受苦，發心立願整修金身並修建祠廟（原以為是土地公，後來確定是廣澤尊王），並遷移到現址，讓保安廣澤尊王得以有更好的安居之所，讓更多人來參拜，保佑大家平安順利，祈求滿願。何明洲校長本以為這邊是他退休前的最後一站，沒想到竟還有延續之路，高升到高雄市警察局長而退休，冥冥中廣澤尊王自然默助，「福佑善良」就是最好的寫照。

◆ 警專學校廣澤尊王「永保安康」。

📍 警專學校廣澤尊王祠
　　地址：臺北市文山區興隆路3段153號
　　電話：02-22308512～4

◆ 警專學校的後山步道。

◆ 遷到現址的廣澤尊王祠。

■ 臺南玉井分局國姓爺

　　玉井分局內的國姓爺，原是在大家樂風行年代遭竊的落難神明，被丟棄在當地豐里的大排旁邊，底座還有火燒過的痕跡，後被帶回分局暫時安置。分局公告無人認領後，經擲筊請示，國姓爺想留在分局，說也神奇，當重大刑案發生之時，千頭萬緒，在苦無線索中向國姓爺上香祈求後，竟也都在短期之間有所突破，歷年來福佑分局偵破不少重大刑案。

◆ 玉井分局偵查隊
　　前往東門大人
　　廟。

◆ 玉井分局副局長林清榮、偵察隊長
　　柯景祥，在玉井當地廟宇信徒陪同
　　下，供奉神尊首度到鹿耳門鎮門宮
　　進香參拜。

　　2017年，玉井分局國姓爺也在玉井北極殿主委王清興、南化天后宮主委李瑞金發動信徒，出動二頂神轎迎接國姓爺，首度到奉祀鄭成功的鹿耳門鎮門宮、東門大人廟進香參拜，並由臺南玉井分局副局長林清榮、偵察隊長柯景祥與玉井當地廟宇信徒陪同參拜。

◆ 1 3 4
——
◆ 2

1 玉井分局偵查隊供奉罕見的國姓爺。
　　吳業昌／照片提供
2. 玉井分局國姓爺神轎。
3. 玉井分局國姓爺
4. 玉井分局國姓爺至東門大人廟進香

■ 臺南消防隊的守護神

火德星君，又稱火德真君，民間稱為火王爺，古人以為南方之神主火，故曰火德星君，亦有祝融、炎帝、回祿、熒惑星等說法，相信祂掌管世間有關火的事物，誕辰日為6月23日。早期的廟宇與街眾都會信奉火王爺，或成立火王爺神明會來祭拜火德星君，希望火神不要

◆ 大銃街鞭炮業者火王爺。

◆ 祝融殿火王爺。

來光顧，造紙業供奉火德星君，因為紙怕火，也有鞭炮業拜火德星君，大部份的供奉者為消防人員，因火德星君掌管火的事務，而成為消防人員的守護神。

2021年起，臺南市消防局與台灣祀典武廟合辦「火神護祐、平安祈福」的活動，每年的1月19日是一年一度的119消防節，臺南市消防局第七大隊消防人員和義消約300人，

◆ 2022年火見樓百年風華夜景。

前幾天都會恭迎台灣祀典武廟火德星君，駐駕南門路第七大隊，並由消防人員和義消扛著神轎繞境祈福、祈求轄內免於祝融，並向市民宣導防火防災意識。2022年度祈福活動當天，並由消防局長李明峯親率第七大隊消防人員、義消第七

◆ 祀典武廟火德星君供奉在六和堂內。

◆ 祀典武廟火德星君,安座於臺南市消防局的中正消防分隊。

◆ 臺南市消防局第七大隊消防人員扛著火德星君神轎繞境祈福。

◆ 消防局長李明峯,親率第七大隊消防義消人員上香。

大隊長羅德春、消友會、顧問團等各級幹部進行祭祀與團拜。1月19日當天,在臺南市消防局的中正消防分隊,舉行「火神護佑、平安祈福——消防百年火見樓風華重現」點燈儀式,點亮2千多顆消防燈籠,並和日本群馬縣的燈籠進行台日防火防災交流,適逢過年期間點亮臺南市區,光彩炫麗,成為美麗打卡拍照的觀光景點。

雍正11年（1733）臺郡西定坊水仙宮附近夜亥時，有燭舖陳寶店中失火，火勢飆發，延燒店房300餘間，拆燬房屋11間才截斷火路，不讓火勢蔓延，燒至丑刻方得救息。官方因此敕令地方官員上緊防範，地方失火，店戶應常備救火水銃救護，以防止火警發生。

另道光20年4月的府城武廟六條街的大火災，連燒多街，造成嚴重的財產損失，臺灣府城武廟六條街士紳等共同擬訂出十條的〈防火規約〉，呈請縣府核議，請大家共同遵守，以絕後患。

如今府城的寺廟建醮，一定會先做一天的「火醮」，早期的房子都以木構建築為主，木最怕是火，祝融一來，由於昔時取水困難，救火設備不如現代的齊全與便利，最怕火神光臨，古時就有祀火神以禳火災，稱為「打火部」，道士團用五行中的「水火相

◆ 以掃帚、扇子與水桶之水滅熄爐火，象徵除去五方火煞。

◆ 送火王於境外，奉送火王歸位。

◆ 道長敬祀火王，進行「打火部」科儀。

◆ 用水壓火的概念，來收斂五方之火。

註：以五帝廟慶成建醮火醮為例

剋」術數，用水來滅火的概念以收斂五方之火，最後以水桶之水滅熄爐火，象徵除去五方火煞，跟消防隊用水來滅火的觀念有異曲同工之妙。

道光21年防火章程碑記：清代的防火規定重點

本件碑記為臺灣府城武廟六條街士紳等共同擬訂之〈防火規約〉，呈請縣府核議通過示諭，開列防火章程十條，勒石立碑申禁，永遠遵行，以杜後患而捍火災。

計開防火章程十條，節錄如下：

一、查郡成艱於取水。今議：各街無問舖戶、居民，門首各擇閒空隙地，大則設立太平木桶，小則置備太平瓦缸，平時務須取水滿貯，有事則就近資取，泹潑救護。

一、各街巷各按地段大小，各自議立董事一二人，協同爐主、街耆，設法鳩資，置備救火水龍、鐵斧、火鉤、扁挑、木桶、木棍、號衣、號帽及尖式小旂等項，器具齊全，交值年爐主輪流收貯。遇有不測，該爐主立即鳴鑼集眾，分別穿帶，執械馳救。

一、查郡垣居民稠密，如遇火患，必須拆屋以通火路方能救護止熄者。今議：相離火場之第五間，無論草、瓦、堅、壞店屋，先行拆卸；將來修復需費多寡，按作三份均攤：拆卸店主為一份；未被延燒之本境內各店主與稅店支人最為二份，對半均攤。此係民間公議，咸為平允，自應俯如所請，嗣後居民、紳宦不得推諉，違者秉官押追。

市場的不見天是消防大忌

一、議：郡城街道，本不甚寬；歷年又被各舖戶逐漸移出侵占地基，以致街衢窄狹，官路占盡。況市鎮之間，稠密太甚，勢必易招火災。而愚民僅圖尺土之利于目前。不知為害於異日。今議：嗣後各街舖戶修蓋店屋，務將地基移入，清還官路，俾街衢得以寬廣通達。設有火患，易於撲滅，不致延燒滋累；勿得故違。

士農工商

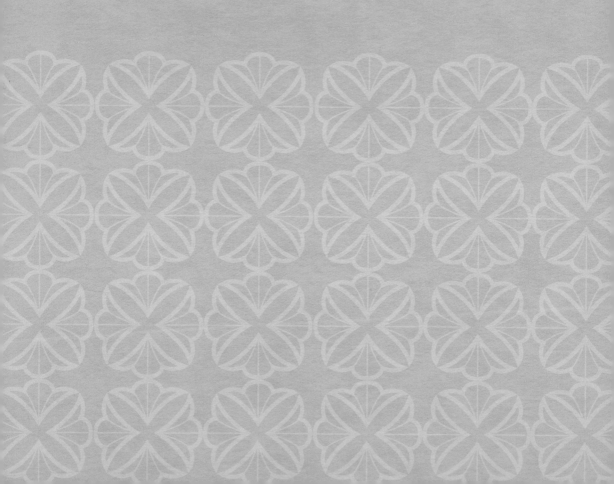

百工信仰在民間

藥材商與藥王

■ 藥材郊

郊,為古時的一種商業聯合公會,藥材郊即是中藥材料商所成立的商業同業公會,在府城的廟宇重建石碑中,常見其蹤影:

乾隆60年(1795)〈重興大觀音亭碑記〉,有「臺郡生藥郊」捐銀的紀錄。

嘉慶23年(1818)〈重興開基武廟碑記〉,有「藥材郊」捐銀的紀錄。

道光18年(1838)〈重修藥王廟碑記〉,有「藥材郊」捐銀的紀錄。

道光30年(1850)〈重修元和宮碑記〉,有「臺郡藥材郊」捐銀的紀錄。

道光年間〈重興溫陵聖母碑記〉,有「臺郡藥材郊」郊捐銀的紀錄。

咸豐8年(1858)〈天后宮鑄鐘緣起碑記〉,有「藥材郊各舖」捐銀的紀錄。

咸豐10年(1858)〈重興天后宮碑記〉,有「藥郊金慶星」捐銀的紀錄。

以上取樣的中藥材料郊商,分別有生藥郊、藥材郊,可見臺灣各地普遍都有藥郊的紀錄。目前在臺南藥王廟附近一帶,就是中藥材貿易商的集散地,更是藥材商的信仰中心。從現在的民權路三段、水仙宮附近、康樂街一帶,就有14家之多的中藥行、中藥舖,可說是藥材郊的縮影。

◆ 位於臺南市民權路三段周邊的藥材郊中藥行街。

1 | 2

1. 臺南藥王廟一樓正殿神明。
2. 臺南市中藥商業同業公會會員到藥王廟祭拜。

　　每年的農曆4月28日藥王大帝生日當天，臺南市的中藥商業同業公會理監事、會員等，都會準備牲禮祭品前來廟裡向大帝上香禮拜，飲水思源，感念藥王大帝的德行，庇佑大家平安順利，然後再聚餐並開會員大會。

　　此外，臺北艋舺也還保存「藥郊金瑞安」藥王會，內就奉祀有神農大帝與真人先師。

藥王廟

　　藥王廟主祀藥王大帝，陳文達之《臺灣縣志／寺廟》中載：藥王廟於康熙57年（1718）由道標千總姚廣建，坐西朝東而與水仙宮相望，為府城七寺八廟之一。另據道光18年（1838）〈重修藥王廟碑記〉所載：「自我北勢街開基以來，塑祀藥王大帝，以為合境之保障。前祀藥王之初，以店舖充作廟廊。因合境人等屢受藥王庇祐，即於乾隆甲申（按：乾隆29年，1764），合境公同爰議，糾題捐金，卜其吉地，重建廟宇，以酬藥王庇祐之德也。但廟宇近於海疆，年久定然損壞。至道光甲申（按：道光4年，1824），經蒙各郊舖及本境人等，喜助捐金，重修起蓋」。

　　1947年，發起重修一次，曾稱盤古藥皇廟，原為三進建築物。1969年，因闢建協進街被拆毀中、後殿，僅剩前殿。1996年，重建為三層樓建築，改名為全臺開基藥王廟。

◆ 臺南藥王廟一樓正殿。

◆ 臺南市中藥商業同業公會會員一行，到藥王廟祭拜合影。

藥王廟
地址：臺南市中西區金華路4段86號

神農大帝信仰

■ 傳說中的神農大帝

神農大帝是遠古的神話人物，臺灣民間對其有烈山氏、連山氏、神農氏、開天炎帝、五穀先帝、五穀王、藥王大帝、田祖等稱呼。有關神農的事蹟，早在先秦時期就有相關記載，是傳說中「三皇五帝」之一。

神農與炎帝是否為同一人，則各有不同的版本，漢司馬遷《史記·五帝本紀》文中闡述了炎帝和黃帝關係，將神農與炎帝分為不同的二個人，而後班固《漢書·古今人表》中，則提出神農與炎帝為同一人的不同看法，陸續繼有漢王符《潛夫論》、晉皇甫謐《帝王世紀》、干寶《搜神記》、任昉《述異志》，以及唐代司馬貞《補三皇本紀》等書，為神農神話傳說的材料進行研究與立傳。

有關神農氏的傳說故事都以農業與醫藥為主，發明木製的耒耜，教民耕種五穀，以及斧頭、鋤頭等農具幫助農民，奠定了農業的基礎，讓古先民從原始的食獸禽肉的畜牧業，轉向往農業社會發展；也發明以日中為市，用以物易物的市場交易方式，成為商業發展的起源。

相傳神農為了試藥而親嘗百草，據說其出生就擁有一特殊的「琉璃肚」，把藥草吃進肚子裡，五臟六腑就能分辨各類草藥的作用與功效，而後著書《神農本草經》，為現存最早的中藥學專書，記載發現的藥材，教會人民醫治疾病。但最後，因嘗到有劇毒的草藥而中毒不治身亡，人們遂將此草命名為斷腸草。

神農也發明了茶，《神農本草經》云：「神農嘗百草，日遇七十二毒，得茶而解之。」得知神農氏嘗到毒草時是用茶來解毒的。唐代陸羽《茶經》亦云：「茶之飲，發乎神農。」

◆ 府城開帝殿不同造型的開天炎帝（神農大帝）。

全臺主祀神明神農大帝寺廟概觀

目前各縣市主祀神農大帝的寺廟分布情形，據研究顯示計有：基隆市1間，臺北市9間，新北市17間，桃園市4間，新竹縣5間，苗栗縣18間，臺中市11間，彰化縣8間，南投縣4間，雲林縣4間，嘉義市2間，嘉義縣9間，臺南市36間，高雄市27間，屏東縣22間，花蓮縣4間，臺東縣4間，澎湖縣1間等，全臺主祀神農廟宇數近約200間。

南部地區神農信仰在日治時期之後迅速擴展，漸趨增多，由上列統計可看出，神農廟宇數量，以臺南市、高雄市、屏東縣分布間數最多，推測原因可能是受到社會變遷快速，地域之間往來頻繁所影響。

小北神農殿

小北神農殿創建於清咸豐7年（1857），主祀神農大帝，原址在今廟前，呈坐北向南。昭和6年（1931），管理人林扁、朱添財發起修葺一次；1954年發起重建，後開闢長北街後；1986年，李壬癸、王木源、辛再朝、李松木、許夢花、石遠然等發起重建，是為現貌。目前與大銃街元和宮是同一管理委員會。

◆ 小北神農殿神農大帝。

◆ 小北神農殿。

 神農殿
地址：臺南市北區長北街長德里192號

神農氏造像

　　常見神農氏的造型被形塑為身材魁梧、高大的原始人，頂生二角、祖身露肚，或身穿樹葉衣，由樹葉縫製而成，赤腳坐於山頭上，手握稻穗或玉米，由於傳說版本不同，各有奇樣，如牛首人身，頭頂起伏不平；或如兩眼深陷，雙眉緊蹙，鼻子碩大。現代匠師常用健美身材肌肉男來表現其體魄大氣的坐姿，並從中體現出農業的權威感。

◆ 小北神農殿神農大帝，陳正雄作品。

參考文獻：
李宛春，〈臺灣神農信仰研究：以三重先嗇宮為例〉，2011年，國立中央大學中國文學系研究所碩論。

安平木雕大師陳正雄

　　陳正雄，1942年出生於臺南安平王城西，國小時期就很喜歡畫圖，看著畫冊無師自通，自己練習素描。畢業後，經由隔壁鄰居陳創鼻老先生介紹到其女婿吳居宅的閭山堂當學徒。當時閭山堂是北港第一家粧佛店。

　　1960年出師。經由吳居宅的介紹，跟著鹿港李煥美跑遍全臺修廟，接觸木雕鑿花，過著逐廟而居的生活。後來又轉到蘇水欽師傅帶領的團隊，繼續學習，頗得水欽師的賞識，拔為師傅頭幫他扶場，而後經蘇師傅介紹到北部黃龜理的工作室工作。

◆ 彌陀寺千手觀音，陳正雄作品。

◆ 陳正雄現代藝術作品。

◆ 安平金小姐創作，陳正雄作品。

　　1961 年，吳居宅承標朝天宮複製祖媽神轎的工程，邀請李煥美與陳正雄一起參與。1967 年，陳正雄回到臺南安平老家，把雕刻佛像的技術轉向藝術雕刻，並陸續傳授 20 幾位徒弟。

　　1970 年，受許嘉勞醫生鼓勵，木雕「亞蘭德倫」作品，首次參加「南美展」競賽即獲獎的殊榮，也讓他有了信心。陸續參加競賽屢得大獎，1983 年得到吳三連先生文藝獎，1989 年得到日本新構造展雕刻大賞，在日本從未由外國人獲得，陳正雄是獲得此獎唯一的外國人，也是有史以來最年輕的一位，撼動了日本雕刻界。

　　小北神農殿神農大帝是其藝術創作的著名代表，寫實展現出人體的比例結構，以及骨骼、肌肉線條。

開帝殿開興堂神農大帝
（底天二帝），黃德勝作品

神農大帝，林貞鏡收藏

嘉義大天宮神農聖帝

五穀帝仙，陳添財收藏

◆ 神像內有乾隆38年
（1773）的命書。光
緒13年（1887）重
修。

天醫真人信仰系統

■ 天醫真人孫思邈

孫思邈（約 581 ～ 682），號真人，又號太白處士，唐朝京兆華原（現陝西耀縣）人，是唐代著名醫學家和藥物學家，被譽為藥王，被奉之為醫神。在陝西耀縣藥王山（原稱五臺山），有祭祀孫思邈的藥王廟，宋朝追封妙應真人，道教尊為天醫妙應廣援善濟真君，臺灣民間稱為天醫真人。

◆ 日治時期拍攝的東嶽殿天醫真人。蔡木山／提供

孫思邈從小資質聰穎，7 歲就學，日誦千餘言，被稱為聖童，但幼時體弱多病，求醫服藥未獲良效，散盡家產，周圍很多貧苦的百姓也因沒錢治病而死去。因此，他 18 歲時立志學醫，終身勤奮不懈，一生勤奮好學，其品性高雅，博學多聞，學養深厚，對諸子百家學說以及老子、莊周之道與佛教、道教典籍都有研究涉獵。唐朝詩人盧照鄰在其《病梨賦序》提及他曾留居孫宅，當時孫思邈自云：「開皇辛酉歲生，至今年九十三矣。」

孫思邈歷經隋唐兩代，不慕名利，保持學無止境的態度，在醫學上勤奮誠篤，一生以濟世活人為己任，集當時和前代醫藥學之大成，一生的著作眾多，流傳至今的主要有《備急千金藥方》三十卷、《千金翼方》三十卷，總計二百三十二門，合方論五千三百首，有論有方，包括中醫內、外、婦、兒、五官各科及解毒、按摩、脈學、針灸等內容，這二部堪稱中

國現存最早的醫學百科全書，為最重要的中醫藥典籍之一，《翼方》為補早期巨著《千金藥方》之不足，孫提倡高尚醫德認為「人命至重，有貴千金。一方濟之，德逾於此」，生命的價值貴於千金，而一個處方能救人於危殆，以千金來命名此書極為恰當，其重視婦產科，將婦科列為各科臨床之首，首創胚胎學說，強調孕期養胎與胎教，提倡小兒疾病獨立分科，後代醫者也受了他的影響，開始重視研究婦、兒科疾病的治療研究。

「藥郊金瑞安」藥王會

臺北萬華區艋舺還保存有「藥郊金瑞安」藥王會，內就奉祀有神農大帝與真人先師二位醫藥神明，至今還保留值年爐主輪祀平安宴餐會聯誼的風俗，會員都是從事中藥房、製藥公司、蔘藥房、漢藥店的業者，以販賣中藥材維生。

相傳神農大帝有特殊的「琉璃肚」。

◆ 筆者採訪艋舺藥郊金瑞安藥王會庚子年值年爐主。

◆ 艋舺藥郊金瑞安神農大帝。

◆ 艋舺藥郊金瑞安值年爐主拜帖。

◆ 艋舺藥郊金瑞安孫真人仙師造型，右有龍，左有虎。

■ 天醫真人造像鑑賞

西佛國蔡心神像特色

　　傳說藥王醫虎喉，據說孫思邈一次
夜間出診的時候，遇到一隻似乎要向他
求救的老虎。他仔細一看，發現老虎
被人骨鯁住，於是用巴鈴塞入虎口，
幫老虎治療，取出骨頭。之後，老虎
為了報恩而成為他的侍者。以東嶽殿
天醫真人造像鑑賞為例，即表現出手
持巴鈴的孫真人「藥王醫虎」的形象。

孫真人手持巴鈴

旁有老虎

東嶽殿天醫真人，
西佛國蔡心作品

天醫真人不同造像特色

◆ 東嶽殿軟身天醫真人。

◆ 玉皇玉聖宮天醫真人，右有龍，左有虎。

◆ 三官廟天醫真人。

常見天醫真人孫思邈造型

　　孫真人造型多變，有的手持或掛有葫蘆、拐杖，有的坐着老虎，也有的坐虎攬龍，各有特色，各有道理，都跟孫真人醫虎喉的故事連結在一起。無論孫思邈到哪裏採藥，老虎都會暗中守護，直到孫思邈終老。以後還有「騎虎升仙」的傳說故事，都相當有意思。下列即以環景鑑賞孫真人的各式造型特色：

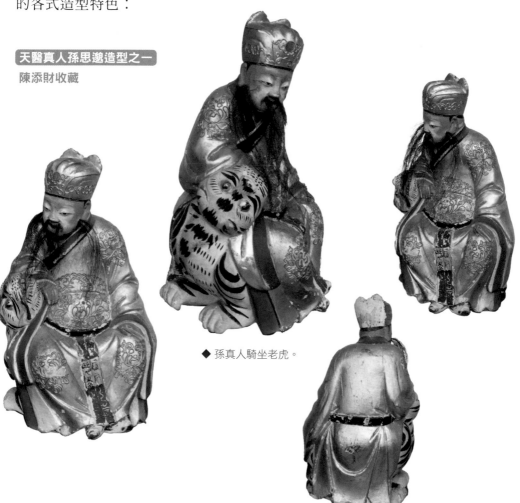

天醫真人孫思邈造型之一
陳添財收藏

◆ 孫真人騎坐老虎。

天醫真人孫思邈造型之二
陳添財收藏

◆ 孫真人手持書卷。

天醫真人孫思邈造型之三
陳添財收藏

◆ 孫真人旁侍老虎。

華陀仙師信仰系統

■ 華佗仙師

華佗，字元化，生於東漢末年（約145～208），沛國譙縣（今安徽亳州市）人，為東漢名醫，三國時期傑出的醫學家，在《後漢書》與《三國志》均有專文幫其立傳。道教尊為「神功妙手華真人」，後人稱為華陀真人、華陀仙師。

◆ 艋舺龍山寺華佗仙師。

◆ 鹿港泉郊會館內的華佗仙師。

相傳華佗精通內科、外科、婦科、兒科，尤擅用針灸術治病，醫術高明，並發現「夾脊穴」，能治療咳嗽、氣喘和腰酸背痛等疾病，後人將此穴道稱為「華陀夾脊穴」，並發明以酒服「麻沸散」，飲後有如麻醉藥一般，為病人動外科手術，開刀治病，為中國古代醫史使用麻醉劑來開刀的創始者，有「外科鼻祖」的美稱。另發明五禽之戲，模仿虎、鹿、熊、猿、鳥等五種動物之律動，設計出一套強健體魄的運動操，藉由運動氣功導引，讓血脈暢通、身體流汗來預防疾病，達到養生卻病的效果。

華佗被後代尊奉為神醫，在出生地安徽亳州有其墓地，在永安街建有華祖庵，設有「華佗紀念館」，「華佗再世」也被喻為醫術高明者，與扁鵲、張仲景及李時珍並稱中國古代四大名醫，現代奉祀者多為祈求身康體健、厄病消除與醫運亨通。

華佗在《三國演義》中為關公刮骨療毒，顯示了高超的醫術，在小說、戲劇的演繹展演下，民間對其神醫的印象早已深植人心，雖後來的考證並非華佗所為，也無損其醫術高明的形象。

農曆4月18日，是華佗神醫仙師聖誕日。

■ 臺南博仁堂

◆ 博仁堂中藥舖供奉華佗仙師。

博仁堂中藥舖位於府城舊城區的關帝港街，西門路二段300巷內，前身為周智夫中醫診所。周智夫中醫師為港澳中醫藥世家來臺的第四代，2000年，以周智夫之子周博仁的名字，改為博仁堂中藥舖。後因中藥行生存逐漸困難，在第六代周建文（1986年生）求新求變之下，2016年，將中醫藥理所學轉型兼營藥膳餐廳，自己取得廚師證照，結合食養概念，提倡藥食同源，以養生藥膳與中藥行複合式經營，推出家傳藥膳盅品如四物、八珍、十全大補雞湯、麻油麵線、養生甜點等，讓消費者能立即享用，亦可外帶，有創意又積極行銷，好評不斷，博仁堂已成為府城知名美食景點。

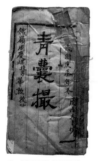

◆ 博仁堂祖傳的中醫藥書，由第四代周智夫再抄寫的青囊撮藥。

◆ 博仁堂中藥舖轉型藥膳餐廳。

◆ 博仁堂第六代周建文。

臺南博仁堂中藥舖
地址：臺南市中西區西門路二段300巷27號
電話：06-2226473
營業時間：11：00～14：00；16：00～22：00（週二休）

保佑五穀豐收

■ 景美集應廟「尪公」

◆ 臺北市文山區景美集應廟。

◆ 景美集應廟公主祀保儀尊王。

臺北市文山區景美集應廟，係台北市文山區唯一的市定古蹟，供奉的主神為唐朝時死守睢陽城的守將張巡。張巡殉國後，被封為保儀尊王，民間俗稱為「尪公」。或稱許遠為保儀大夫，兩者合祀為雙忠廟，民間則奉為專司保護禾苗、驅逐蟲害的神明。每當民間作物有蟲害時，多請「尪公」出巡除害。出巡時「尪媽」林夫人在前，尪公在後。

臺南厲王宮主祀神明為唐代忠臣義士之五府千歲，分別是張巡、許遠、雷萬春、南霽雲、李翰，源自福建同安縣金門鄉，臺南張巡的造型不同。右手向下指向睢陽城下。

◆ 臺南厲王宮廟貌。

◆ 厲王宮張巡右手向下，象徵指向睢陽城下。

 臺北市文山區景美集應廟
地址：臺北市文山區景行里景美街37號

■ 清水祖師

清水祖師民間常尊稱為祖師公、烏面祖師，為北宋時期的名僧，俗姓陳，名應（另有一說陳昭或陳昭應），法名普足，生於宋仁宗景祐4年（1037），圓寂於宋徽宗靖國元年（1101）。南宋時期，祖師因多次祈雨顯應，惠及生民，朝廷先後四次敕賜封號，最後的封號為「昭應廣惠慈濟善利大師」。

◆ 艋舺清水巖清水祖師。

清水祖師原屬安溪人的信仰，在南部較屬小眾信仰，廟宇較少，北部的「蓬萊老祖」因能「落鼻示警」，廣佑群黎，已橫跨單一信仰族群。1871年清法戰爭顯靈助戰，護佑淡北有功的故事廣為流傳，受清廷頒發「功資拯濟」御匾，也讓艋舺清水巖與淡水清水巖的蓬萊老祖信仰在北台灣非常興盛，兩廟最後以每月共同輪祀蓬萊老祖來圓滿台北艋舺、淡水一帶的信眾需求。老祖對於瘟疫及農作物蟲害的祓除亦威靈赫奕，在北臺灣擁有眾多信眾。

◆ 艋舺清水巖清水祖師中尊蓬萊老祖。

◆ 淡水清水巖清水祖師。

■ 清水祖師神像特色

一、頭戴佛帽，身穿袈裟。

二、烏面，清瘦，下巴戽斗，眼睛向下觀照內心。

三、身體放鬆，打坐盤腿，整體四平八穩。

四、結定印。

◆ 清水祖師在南部屬　　◆ 臺南清水寺鎮殿清　　◆ 臺南龍泉井軟身清水祖師。
　小眾信仰，圖為臺　　　水祖師。
　南四鯤鯓龍山寺清
　水祖師。

蔡才豐作品

黃德勝作品

泥塑清水祖師，臺中蔡才豐作品

清水祖師，黃德勝作品。照片提供／葉豐傑

■ 臺北法主公廟

　　臺北法主公廟主祀法主聖君，俗稱法主公、閭山法主、都天法主、嘉惠普濟真人、監雷張聖君、都天盪魔監雷御史張聖法主真君。分靈自福建省泉州府安溪縣光德里院后坑碧靈宮。

　　法主公原為福建省永春、安溪一帶所信奉的地方神明，隨著安溪茶商移民渡海而來，也成為臺北茶商的守護神。清光緒年間，大稻埕地區發生瘟疫，疫情嚴重，多人被傳染，茶商們同去祈求法主公庇佑，祈求疫情退散，後因神威顯赫，成為大稻埕的地方信仰，與大稻埕霞海城隍廟、大稻埕慈聖宮並列為大稻埕三大廟宇。

　　聖誕日農曆9月22日。

◆ 臺北大稻埕法主公廟外貌。

◆ 法主公廟眾神像。

 台北法主公廟
地址：臺北市大同區朝陽里南京西路344巷2號

■ 臺北法主公神像的特色

鳥面，凸眼怒視前方

左手打法指於胸前

右手拿劍

■ 臺南法主公神像的特色

左右手打法指
於右腰側

◆ 臺北法主公廟鎮殿神明。

鳥面，凸眼，
披頭散髮

身穿綠袍的臺南
聖君廟法主公

◆ 臺南聖君廟法主公。

士農工商

百工信仰在民間

匠師祖師爺——魯班信仰考

■ 巧匠魯班公

　　魯班（約公元前507～440年之間），是春秋戰國時代「魯」國著名的工匠，真實姓名與生卒年有多種版本，眾說紛紜，普傳為姬姓，公輸氏，名班，又稱公輸盤、公輸般，尊稱公輸子，古時「般」與「班」同音可通用，所以後人稱他為「魯班」，其姓名被廣為流傳，成為通稱。

　　魯班在世為優秀的土木工程師，是聞名遐邇的工匠、巧匠，由於技藝超群被神格化的歷史人物，被木匠、石匠奉為祖師爺，在唐代就有魯班在房屋的《上樑文》中被祭祀的文字記載。最大貢獻是「準繩分曲直、規矩定方圓」的訂立，據傳發明了鋸子、墨斗、鉤強、曲尺、木鳶、攻城雲梯等多項工具嘉惠社會，準繩就是墨斗、規矩則是圓規、角尺，近期從業人員都還有在使用，也寓意做人做事要循規蹈矩，外圓內方，嚴以律己，寬以待人。

　　民間廟宇與建築業者則尊稱魯班仙師、公輸先師、巧聖先師、魯班爺、魯班公、魯班先師及魯班

◆ 永川大轎巧聖先師，為金芳閣作品

祖師等，魯班傳說並在中國山東省曲阜市、滕州市列入第二批國家級非物質文化遺產名錄。

在劉文政〈臺灣地區魯班信仰之研究〉的研究論文中談到，臺灣以魯班為主祀神的廟宇共有30間，除了現今臺中縣東勢的巧聖仙師廟紀錄時間超過百年之外，其餘的魯班廟建廟時間大都在民國70年之後出現，且多數是先由仙師會的方式存在各鄉鎮，後來才由魯班、荷葉、爐公等仙師會共同籌建廟宇，形成了建築業的信仰中心。[1]

◆ 台南巧聖宮鎮殿巧聖先師，為陳啟村老師作品。

◆ 台南巧聖宮開基巧聖先師，早期是從中國大陸迎請過來。

1. 劉文政，〈臺灣地區魯班信仰之研究〉，國立臺南大學臺灣文化研究所碩士班，2008 年。

■ 魯班廟源起

　　臺灣魯班廟起源於清軍工廠，在清乾隆42年（1777年）護理臺灣道蔣元樞重修軍工廠的〈鼎建臺澎軍工廠碑記〉內載：臺澎水師軍工廠始建自雍正3年（1725），屬臺灣道專管，設廠於臺灣府治小北門外，為建造修理戰船之所，廠內並設有天后宮及風神、潮神、輪班各廟。蔣元樞於乾隆41年12月接任臺灣道後，糾察流弊、嚴立規條，以革陋習，將舊廠撤掉，重新建造，在周圍樹起木柵，另重修天后宮及風神、潮神、魯班各廟；竣工後撰文勒石，並留有《重修臺郡各建築圖說》，其中〈鼎建臺郡軍工廠圖說〉並附圖說一圖，畫有木匠在鋸木造船之景，可看到天后宮、新建大廠的規模，非常珍貴。

木工鋸木

搬運工

木匠造船

◆ 引自臺灣文獻叢刊《重修臺郡各建築圖說》附圖〈鼎建臺郡軍工廠圖說〉。

此外，在陳榮盛道長提供的同治庚午9年（1870）〈靈寶禳度解連真科〉，內文尚有北廠魯班公、南廠魯班公的記載。可見當時的船廠有祭祀魯班公，道光3年（1823）後，臺江逐漸淤塞後，通船之港道已無法運行，軍工廠功能喪失，走入歷史，而魯班廟也沒有留下蛛絲馬跡讓人緬懷，相當可惜。

〈靈寶禳度解連真科〉內文有載北廠魯班公。

媽祖樓天后宮

媽祖樓天后宮，里民習慣逕稱媽祖樓，乾隆20年（1755）創建，位於五條港北方哨船港（昔時軍工道大廠製造軍用船隻進出之專用港道）南岸，奉祀天上聖母，為清時軍工道廠宮兵及鄰近船頭行、郊商店鋪民人之保護神，香火鼎盛由道光21年〈重興天后宮碑記〉之名錄可見一班。據傳，最初媽祖神像祀奉於閣樓上，故稱媽祖樓。道光21年（1841）、同治4年（1865）、1961年、1985年均曾重修。

◆媽祖樓天后宮外貌。

◆媽祖樓天后宮正殿。

◆軍工道廠捐大殿樑一枝。

1. 台中東勢巧聖先師廟主祀魯班公。郭喜斌／攝影

2. 台中東勢巧聖先師廟外埕，能見「方規圓矩」識別。郭喜斌／攝影

　　反觀在乾隆年間，清代軍工匠為製造戰船，需要大型的木材來造船，曾進入東勢山區伐木製材，築寮有30餘戶。此一期間，與山上的生番（原住民）時所衝突，為尋求身心安頓，遂請到中國巧聖仙師魯班香火令旗來祭祀以祈求平安，也因魯班仙師庇佑得以化險為夷，安定人心，眾感神恩浩蕩，在乾隆40年（1775）於現址建廟，為東勢第一間廟宇。隨著入墾的人漸多，形成「寮下的匠寮堡」聚落，也開啟了臺灣魯班信仰的濫觴。

◆ 六興境開山宮的魯班公，原是民生路家具業在拜的，後合祀到廟裡。

　　後代人對於魯班的研究經典不少，存世最早的版本為明末萬曆版《魯班經匠家鏡》，後有《匠家鏡魯班經》、《新刻京板工師鑢刻正式魯班經匠家鏡》、《魯班經》等流傳，成為研究魯班必備工具書。

　　一般的巧聖仙師廟內，除供奉主神巧聖仙師外，也常看到配祀有泥水工程業祭拜的荷葉仙師，及鋼鐵工匠業祭拜的爐公仙師。

◆ 裝潢業也拜巧聖仙師，圖為林秋銘作品。照片提供／柯耀庭

與匠師同行的行業神明

■ 安南區巧聖宮巧聖先師

◆ 巧聖宮開基巧聖先師。

　　巧聖先師源於中國浙江省閩都縣河川村重圳街，光緒3年（1877）在關帝港岸口登臺，相傳是由董姓家屬之董復興（外號虎仔）、董榮周（十一指）迎奉來臺供奉。昔時府城內店街聚集在臺南市區中心、小公園、寶美樓附近，聚集了老一輩的木雕匠師，技藝享譽全臺，有王亨師（柯全丁之師）、安平路陳添丁（樹師）、海安路杉師、永樂路李本忠、東方雕刻社王添丁、長樂街宗仔師、老古石陳江進、陳火木（陳燦亨之父）、陳文旺、乾海師、允仔師、柯全丁、張永全（蔡德太之師）、陳添能、福森師 壽彬師二兄弟、陳漢師（陳秀雄之父）、鍾炎山、黃炎輝、王平師 、林天送（外號猴仔送）、外號雞母旺仔師等雕刻前輩，每年農曆5月7日逢先師聖誕日擲杯選出爐主，輪祀敬拜，延續至今。

◆ 台南安南區巧聖宮。

◆ 巧聖宮正殿。

1989年成立臺南市雕刻職業工會，以及巧聖先師聯誼會，黃英郎當選為首任會長，並開始招募信徒。會員入會費3000元，可每年參與平安宴等祭典，並遴選新爐主。2007年覓得廟地，建廟「巧聖宮」。

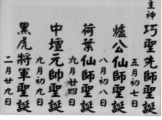

◆ 巧聖先師與相關神明聖誕。

荷葉仙師

荷葉仙師或云荷葉先師、芋葉先師，為神話傳說之神，眾說紛紜不知其名，相傳是春秋魯國人，為魯班弟子或本人，又或是同窗，發明了許多泥水匠用的工具（灰匙、泥板、鋸齒抹子、刮板、瓦等），擅於土木燒瓦建屋之技藝，故眾人爭相師之並祭拜。

◆ 巧聖宮配祀荷葉仙師。

傳說腳上曾受傷，卻能以荷葉包之而痊癒，故世人稱其為荷葉先師。也有一說「荷葉」並非真正的植物，是燒瓦界的暗語，即「青瓦」。昔時燒瓦時，會以荷葉或芋葉測試，貼於窯外觀察葉子被烤焦的程度，了解窯爐的溫度作為判別瓦片是否已可出爐的依據，其經驗讓製瓦的技術得以提升。

荷葉仙師誕辰日為舊曆9月24日。

胡靖先師

◆ 鹿港玉渠宮七寶尊王。照片
提供／王嘉偉

有關胡靖先師的研究稀少，但仍有多種版本流傳：

一、相傳爐公先師為胡靖，為三皇時代人，自幼聰慧過人，奉女媧娘娘之命，負責研究護火鍊鐵之法，終於發明火爐，並為黃帝煉銅鑄鼎，乃被尊為「爐公先師」，每年農曆4月13日為其聖誕。

二、據香港金銀首飾工商總會袁星海所寫的〈金銀細工祖師爺——胡靖先師史略〉，文中考證胡靖先師生於宋太祖2年12月6日（960），家小康，自幼聰慧，喜愛雕，故棄學從商，自營五金商店，專營製造金、銀、銅、鐵、錫各項細工，由於手藝精巧，製器精美，受到市場肯定，購者日眾，並傳習授徒，名揚遐邇，成為金飾業名匠。並獲邀入宮製器，卻一去不還，慘遭不測。後其子為父雪冤，得以平反，並諭追封為工部尚書。

三、馬來西亞檳城銀匠行則有胡靖就是胡武撰的說法，鄭永美〈歷史研究者釐清胡靖身份〉文中載：他是福建省汀州府永定縣下洋鎮中川鄉人，操客語；胡武撰是大伯公街大伯公福德祠立廟總理，嘉慶庚午15年（1810）月合送「同寅協恭」匾。道光17年（1837）廣東暨汀州第一公塚建造冢亭時，他有捐銀陸元的紀錄，卒於咸豐元年（1851），葬於廣汀第一公塚，墓號「52441」。

版本二

太上老君李耳

　　道教是源自中國的宗教，濫觴於黃帝，闡明於老子，立教於張道陵，所以尊黃帝為始祖，老子為道祖，張道陵為教祖，是謂道教三祖。

　　太上老君即老子，姓李名耳，為道教始祖，是太清道德天尊的別稱，著有道家經典《道德經》。太上老君是道教「三清」之一，三清為「玉清」元始天尊、「上清」靈寶天尊、「太清」道德天尊。

　　民間受了《西遊記》第七回八卦爐中逃大聖章節中敘述：「太上老君將孫悟空放在八卦爐中，用文武火鍛鍊欲將其煉成長生不死之丹」的影響，因此鑄鐵業將其尊為守護神。

　　農曆2月15日是太上老君的誕辰日。

◆ 茄萣郭常喜興達刀鋪打鐵業店內，安有爐公爺神位太上老君。　　◆ 府城人和街道壇道祖太上老君。

李鐵拐

李鐵拐是個傳說人物，姓李，其貌不揚，心地善良，有足疾，拿鐵拐，眾說紛紜，相傳有李凝陽、李洪水、李玄、李孔目、李岳等之名，是巴國津琨人（現重慶市江津區石門鎮李家壩）。一說其精通於藥理，恩澤地方，普濟眾生，亦有「藥王」之稱，現李家壩仍有藥王觀和拐李祠等歷史建築，封號有凝陽帝君、李府仙祖、李鐵拐仙翁。

其事蹟多見於元明雜劇與明清小說，尤受明代吳元泰《八仙出處東遊記》神怪小說的的流傳影響最為深遠，說他是八仙之首，能度化鍾離權，八仙組合排序第一就是鐵拐李，再來二為鍾離權，三、藍采和，四、張果老，五、何仙姑，六、呂洞賓，七、韓湘子，八、曹國舅。

他的形象被描述為臉色黝黑，蓬頭垢面，頭戴金箍，形象邋遢，眼睛圓瞪，瘸腿並拄著一隻鐵製拐杖，逐漸被定型化。為打鐵、膏藥、乞丐等行業奉為祖師爺。

為何李鐵拐也被鐵匠奉為「爐公先師」？相傳其年少時天資聰慧，喜尋師訪友，學道訪仙，在四川巴國巧遇騎牛雲遊四海的太上老君，被其所點化，得太上老君真傳，太上老君要起爐煉丹，李鐵拐靈機一動便發明了風箱和火爐。由於打鐵的重要工具有三，分別為放鐵料的「鉆」、夾鐵的長鉗、煽火用的風箱。由於物象人形，「鉆」的外表像極了李鐵拐的跛腳，「長鉗」的形狀就如李鐵拐的鐵拐，「風箱」的外觀就如李鐵拐身揹的葫蘆，如此便成了打鐵業的祖師爺，雖有點無稽，傳說故事就是如此的有聯想力。亦有一說，由於萬物有靈，對工具的尊重，這三項工具也成為「鐵拐仙師、白鶴仙師、風式尊王」。

銅製李鐵拐

● 陳添財收藏

鐵拐是李鐵拐的
招牌標誌

泥塑李鐵拐

● 陳添財收藏

李鐵拐不離身的
鐵拐

● 李易承作品

李鐵拐使用的
鐵拐

李鐵拐隨身葫蘆

◆ 門神尉遲恭。

版本四

打鐵業守護神尉遲恭

相傳東晉道士許遜真人所著《玉匣記》載：「胡敬德：傾煉爐火祖師。」胡敬德即唐朝開國功臣尉遲恭。

尉遲恭，字敬德，是歷史人物，隋唐名將，據說貌似胡人，亦稱「胡敬德」，也稱尉遲敬德。

尉遲恭是朔州善陽人，以勇猛聞名。一生戎馬倥傯，馳騁疆場，戰功彪炳。歷經三朝，為凌煙閣二十四功臣之一。傳說尉遲恭與秦瓊將軍威武神勇，因為保護唐太宗李世民，而被畫成門神來守護皇帝，成為眾所皆知的門神代表人物。一說尉遲恭年少時曾以打鐵為業，遂被後世鐵匠常奉為職業守護神。

◆ 鹿港鐵舖祖師爺七寶尊王。

在彰化福鹿區的鐵舖相關行業（五金加工業）就有組織「福鹿區鐵舖七寶尊王」神明會，採爐主制，奉祀七寶尊王，會員有二百多人，相傳的七寶即是金、銀、銅、鐵、錫、銑、鉛，已有百年以上的歷史，祈求祖師爺庇佑五金產業生意興旺。為了發揚聖恩與凝聚業者的向心力，在七寶尊王聖誕日（農曆6月2日），會舉辦慶典遶境平安活動，尊王會到會員們的廠區巡視賜福與鹿港天后宮進香。

◆ 彰化扇形車庫內機房神龕之七寶尊王牌位。照片提供／方嘉裕

府城木雕匠師與技藝保存

■ 大木作匠師陳天平父子

　　陳天平（1945〜）臺南市四鯤鯓人，國小畢業因家貧無法繼續升學，不想留在家裡隨父親從事漁業，便出外學習一技之長，剛好來到臺南總趕宮遇見他的大木作啟蒙老師陳城，願意收他為徒，他便立志當木匠，開啟了3年4個月的學藝過程。陳天平靠著自己的觀察、揣摩，實作於17歲出師。出師後也跟著不同的老師傅一起工作，從大木作到小木作，進一步了解傳統建築的工法與技藝，舉凡日式木造房子、修理廟宇木構建築、閩南式三合院「民式仔」的起造都難不了他，對於拆解修復及構件加工有關知識和技術都能充分掌握。曾參與臺南大天后宮、霧峰林家宮保第、開基天后宮等修復工程。天平師其「大木作」技藝受到臺南市政府的肯定，2020

◆ 陳天平（右）、陳其威父子。

◆ 展示各種不一樣榫頭。

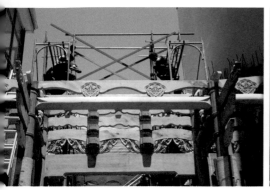

◆ 新建五帝廟木構建築，為陳其威師承父親陳天平的大木作作品。

年登錄為文化資產。

其子陳其威（1979～），國小畢業後，每逢寒暑假便在父親陳天平的工地打工，耳濡目染之下，也對傳統建築的木作有了興趣，高中暑假第一次於臺南府城隍廟接觸古蹟修復，覺得非常有意思，大學畢業退伍後，便和父親一起參與古蹟大木構修復之工作至今。此外，與成功大學建築系合作多項傳統木構造學術實驗，採用科學的方法，以數位繪圖技術，模擬3D完成圖，將傳統大木作與現代科技做成完美結合，「作大木，要幼木作，才會美」，讓傳統技藝更典雅精美，體現了大木作的精髓，也贏得大家肯定的掌聲。

■ 人間國寶：重要木雕鑿花保存者蔡德太

蔡德太，1963年生，出生於安南區顯宮里，師承張永全與黃澄雄門下。顯宮國小畢業至今，40餘年的雕刻鑿花創作不輟，從1999年擔任大龍峒保安宮木雕修護主匠、2002年擔任臺灣藝術大學木雕講師的經歷，連新加坡的古蹟廟宇蓮山雙林禪寺都有其作品，可見其技藝精湛。2017年被臺

南市政府登錄為木雕鑿花工藝保存者，2021年更榮獲國家級重要傳統工藝保存者「人間國寶」殊榮。

◆ 重要木雕鑿花保存者蔡德太老師。

談到木雕的學藝過程是「先細後粗」，先從細部到粗坯，都需要面面俱到，有關木雕的賞析，一般人都是從細部先看起，這是學徒與二手在做的工作，讓其有深淺厚度的觀念與了解線條的流暢與修飾。粗坯師的角色極為重要，如同建築設計師，需有透視的觀念，把作品的故事架構建構出來，內容包含了空間布局、人物比例與動態，主角副角與空間場景的相互呼應，並要利用木材深淺層次來對應畫面的鋪陳，這都是考驗匠師的能力，他的粗稿往往會影響整個物品的優劣。

能作出優良傳世的作品，都需以古為師，靠著不斷的學習來成長，並須經常向外擴大自己的視野，惟有不斷的精進與求進步，才會有好作品產出。

◆ 36官將作品「馬龍官」。

◆ 華嚴三聖作品。

◆ 象徵「鴛鴦福祿」的木雕作品。

◆ 栩栩如生的 36 官將木雕作品。

几面

束頸

托腮、風古座

吞腳

腳沙

力水

◆ 精雕細琢、樣式繁複的鑿花技藝。

菁埔夫人几桌鑿花鑑賞

● 菁埔夫人几桌，蔡德太作品。陳世明典藏。

俯瞰几桌坐面雕花
「福壽綿延」圖案

| 材質 | 梢楠 |

| 尺寸 | 24×24×11cm |

四面雕畫故事

觀音化身渡世人
樊梨花三放薛丁山
穆桂瑛平遼軍
菁埔夫人收伏蟾蜍精

几桌側邊雕花

几桌側邊雕花

吞腳生出牡丹花
象徵富貴

几桌正面雕花

■ 榫卯技藝大師王永源

　　王永源（1950〜）在臺南中西區神農街（古名北勢街）出生，18歲開始跟隨其兄王永川先生學習木工技藝，在永川大轎期間40年，即以幫客戶設計開發訂製的細緻器物為主，於2006年6月自行創業永圓傳藝，擅長明式家具、供桌、佛椅、几桌、神轎、木製祭器等之製作。作品會自己設計、畫稿，並堅持接合塗以水膠，強調不用鐵釘的榫卯工藝製作，重視作品的彎度優美、稜線整齊、木工密合，兼具器形藝術與生活美學。

◆ 薦盒，2002年府城美術展入選。

◆ 神明椅作品。

◆ 八角几桌與香爐。

◆ 邢王會匾額作品。

50年來努力其榫卯技藝精緻獲得肯定，繼其兄長「永川大轎」王永川（神轎製作）後，2019年獲登錄為臺南市無形文化資產「細木作」傳統工藝保存者。近年來更致力於人才培育與技藝傳承，也成立「榫卯工坊」，傳承家具榫接技藝。

◆ 永源師作業中的身影。

◆ 榮獲2020年臺南傳統工藝保存者之授證儀式。

■ 人間國寶：廟宇大木與結網 傳統藝術保存者許漢珍

◆ 廟宇大木與結網傳統藝術保存者許漢珍。

　　出生於臺南市東區虎尾寮，17歲時，許漢珍開始在父親許銅爐的教導下，靠著自學摸索大木作的技藝，為符合建築營造法令需求，自學建築繪圖。許漢珍老師為臺南市唯一登錄「廟宇大木」、「廟宇結網」二項傳統藝術保存者，也是全臺現存少數具備寺廟設計、繪圖及落篙能力的大木司阜，其寺廟作品融合傳統大木作及當代建築技術，為臺灣留下許多精彩的創作。晚近期因應廟宇使用鋼筋混凝泥土的趨勢，嘗試以鋼筋混凝泥土仿造大木營造傳統廟宇，維持臺灣傳統建築風貌。

◆ 民國54年，西羅殿重建之許漢珍舊照。

◆ 市仔頭福隆宮拜殿。

　　西羅殿是許漢珍老師全部自己繪製設計圖兼劃場的第一間廟宇，從西羅殿民國54年重建老照片中，仍可看見許漢珍老師36歲時年輕的身影，往後共經手70間的廟宇，八吉境五帝廟是其最後一間的作品，對於文化資產之貢獻卓著。2020年再獲國家文化資產保存獎。

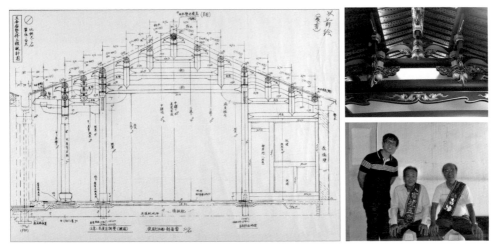

1 | 2
1 | 3

1. 許漢珍五帝廟手繪建築圖。　3. 許漢珍（中）參加五帝廟動土大典。
2. 五帝廟正殿棟架。

■ 人間國寶：重要傳統木雕藝術保存者陳啟村

陳啓村老師，1963年生於臺南市安南區鹽田里南寮，父母親從事曬鹽工作。小學時便對美術領域特別感興趣，某次父母誇讚陳啓村繪圖寫實能力特別出眾，給了他很大的鼓勵。喜歡畫圖，在美術方面展露天分的他，選擇雕刻為學習之技藝。

◆ 陳啟村老師的木雕作品。

國小畢業後，經由大伯父介紹至臺南市社教館（現為公會堂）對面的福州派光華佛像雕刻店當學徒，師承林依水師傅，學習傳統雕刻技法，經歷四年學徒生涯後出師。出師後進入當時臺灣頗具盛名的福州派佛像雕刻店人樂軒當粗胚師傅（頭手），在人樂軒時受林利銘師傅的教導，並利用休假日展開全臺寺廟佛像及神像之資料蒐集，以作為日後研究素材。退伍後，積極進修西方美學及現代藝術課程以強化自我藝術表現，先後向畫家曾培堯老師學習素描與油畫、雕塑家陳英傑老師學習雕塑，清晰掌握人體比例；也因此，他所雕刻的雕像創作，兼具中西融合之美，極具個人獨創風格。

◆ 鄭子寮福安宮神明雕刻。

陳啓村老師於1986年正式創立啓村雕塑工作室，當時他年僅24歲，便已是臺南小有名氣的雕刻師，啓村師在26歲時便獲得第一屆奇美藝術獎的殊

1 | 2

1. 陳啟村作品「天
   蓬大元帥」。
2. 陳啟村作品「鄭
   成功」。

榮，讓他更堅定走創作之路，也受到奇美許文龍創辦人的影響，期望自我
能為臺灣藝術人才培育與傳承盡一份心力。

　　在1998年創作左鎮噶瑪噶居寺的「十八羅漢」系列作品時，陳啓村
已有獨創的雕塑設計流程，採用先繪製設計圖再進行雕刻的工序，並融
合傳統與現代雕刻手法，呈現其法相莊嚴沉靜之美；作品栩栩如生，禪
意十足。

　　啓村師獨特的創作風格，屢屢獲得國內外大獎，包括國家傳統工藝
獎、大墩工藝師獎、全球中華文化藝術薪傳獎、海峽工藝精品獎奉獻精神
獎、義大利時尚媒體藝術獎、臺灣木雕薪傳成就獎、臺南市無形文化資產
傳統藝術保存者，並獲選為臺灣工藝之家等獎項肯定。陳啓村老師對臺灣
藝術界的文化推廣與熱忱更是令人感佩，不僅前後擔任臺灣工藝之家協會
理事長、南美會兩屆理事長、府城傳統藝術協會理事長等職務，目前擔任
中華文化總會諮議委員、臺南美術館監事等職。

啓村師於2019年榮獲木雕領域重大獎項——臺灣木雕薪傳成就獎，並獲得獎金50萬元，啓村師秉持著藝術人才傳承及扶持弱勢族群的心，將獎金全數捐出至苗栗家扶中心、臺南美術館義工團隊、臺南弱勢家庭及三義雕刻夏令營等單位。陳啓村說，目前臺灣寺廟傳統雕刻及鑿花裝飾類受中國市場影響甚鉅，而人物雕刻前景可期，然臺灣並無木雕專門學校，盼能略盡心力扶植更多木雕新銳人才。

◆ 1986年，贈送給徒弟劉進文創業的天上聖母神像。

啓村師於 2020年1月獲文化部公告登錄為中央重要傳統工藝「傳統木雕」保存者，成為目前臺灣最年輕的「人間國寶」。2020年11月更榮獲國家工藝成就獎之殊榮，啓村師也持續將技藝與藝術知識傳承給後輩，提攜更多藝術人才，實乃府城藝術界之典範。

◆ 延平郡王像作品。

啟村師也分享他能有今日成就的四個階段：

一、個人的努力。

二、高人的指點：啟蒙老師林依水師傅，入樂軒受林利銘師傅的教導。

三、貴人的相助：陳正雄、潘元石、曾培堯、陳英傑等老師。

四、小人的監督：人沒有十全十美，當有一天你的成就愈大，一定會有小人嫉妒你，左宗棠名言：「能受天磨真鐵漢，不遭人嫉是庸才」，也代表你已有了一些成就，批評你雖是阻力，卻也是隨時提醒你要「謙受益、滿招損」，監督你與提醒你的錯誤，叫你不要驕傲自滿，感謝他的督促，自己要更虛懷若谷與努力，自然能化阻力為助力。

■ 古錐師黃國錐

黃國錐（1959～），臺南安南區土城
出生，人稱古錐師。國小畢業以後，即追
隨阿土師蔡忠麟學習木雕工作。27歲結
婚，育有一女二男。30歲後自行創業，擁
有自己的雕刻團隊。在雲林縣四湖鄉三條

◆ 木雕大師古錐師黃國錐。

崙海清宮的木構雕刻一做就30年，後轉到鄭子寮福安宮。木雕資歷已有
50年，擅長奇木自然雕刻，讓木雕工藝呈現更豐富多元的面貌。

雕刻是屬於減法的工藝，匠師需要有耐心與經驗，手路且須拿捏剛
好，因為雕刻刀稍微一不小心過頭了就無法回頭彌補。木雕的學藝過程是
先學細部雕刻，然後慢慢進階才能到打粗坯，神龕的龍柱就屬多層次的鏤
空透雕，俗稱「內枝外葉」。另外還有畫師的平面繪稿要轉換成立體雕刻，
也是考驗匠師對於木材深淺層次的透視能力與空間布局、人物動態掌握的
功夫。

◆ 陳南陽畫稿、古錐師黃國
錐木雕作品「楊震卻金」。

意寓吉祥平
安的葡萄與
如意。

◆ 古錐師黃國錐木雕作品。

象徵祈求吉慶
的吉祥圖案。

■ 晉億雕刻王瑞泓

　　王瑞泓（1957～），臺南市安南區鹽田里北寮人，1971年國小畢業後，師承陳卿寮陳茂雄老師學習寺廟木部雕刻，勤學3年4個月出師後，北上到中部跟著田中阿水師當木雕師傅，也陸續跟隨過嘉義的水樹、阿明師的廟場雕刻工程，過著以廟為家的生活。由於對自我要求甚高，手藝精巧，頗受許多師傅的青睞，重要多層次的鏤空透雕神房、龍柱、人物的雕刻都放心的交給他處理。29歲就自己創業承接廟場雕刻至今，已有50年的資歷。

　　作品涵蓋許多廟宇、一貫道、佛寺、密宗寺廟等，尤以臺南左噶瑪噶居寺內木雕工程，一做就是30餘年至今。

局部手繪圖與雕刻作品對比。

神龍局部特寫。

人物局部特寫。

◆ 王瑞泓神桌雕刻作品。

當中最著名的作品，是一整塊檜木，雕刻厚度4吋、長400cm、寬115cm，歷時2年才完成的巨作，整塊檜木剔底多層次雕刻，看到西藏風格的木雕，不丹王國師的繪稿，雕刻師的雕工細膩精緻，讓人嘆為觀止，非常驚豔。噶居寺仁波切對於宗教藝術化的追求與收藏是非常頂真與要求，讓瑞泓師不斷精益求精，也因此留下了許多木雕作品，精華全都在此，值得來此一遊與禮佛，寺院就是一座宗教美術館。

左鎮噶瑪噶居寺雕刻作品

◆左鎮噶瑪噶居寺王瑞泓雕刻作品。

◆左鎮噶瑪噶居寺王瑞泓雕刻作品局部。

◆左鎮噶瑪噶居寺王瑞泓雕刻作品局部。

■「茄苳入石柳」保存者陳南陽

　　陳南陽（1947～2019），出生於臺南市安南區海尾，畢業於安平石門國小。小時候因為父親是虔誠的佛教徒，常誦經念佛，在其薰陶之下，看到佛寺廟宇就特別的有興趣。國小時喜歡塗鴉，畫漫畫，充分展現繪畫天賦，舉凡人物、風景、廟宇、廟會活動的印象都是他的習作對象，參加學校的畫圖比賽還得到獎牌，家裡的長輩知道他有此種美術的天份，國小一畢業便介紹他到老古石街（現信義街）的火木雕刻處，拜入府城雕刻師陳火木門下，學習茄苳入石柳技藝。

　　14歲開始當學徒；16歲出師以後，便開始承接廟宇雕刻工作；23歲退伍後，巧遇東港林榮坤師傅不吝指導，教他雕刻4吋厚的木材，進入另一個深淺雕刻領域，了解到深淺明暗、層次透視的觀念，更需留心人物前後相互間的對應，與景觀的立體搭配、適當的留白，對他後續的畫稿有很大的幫助。

◆ 茄苳入石柳佛椅，陳南陽作品。神像為曾應飛作品。

◆ 茄苳入石柳佛椅側面。雕刻木作加入廣澤尊王故事。

◆ 茄苳入石柳佛椅正後面。

26歲在臺北欄間外銷公司承包日本的日式欄間、屏風等工程，遇日本知名木雕師中山慶春，指導他日式的畫稿技巧，傳授其設計畫稿心法；28歲便開始幫寺廟畫稿；30歲回臺南自創工作室。1989年臺灣開放中國探親，很多寺廟與日式欄間雕刻基於成本考量，訂單都轉向中國，在地生意一落千丈，南陽師由於擁有畫稿與雕鑿鑲嵌多樣技法，2005年受邀至臺南藝術大學古物維護研究所開課，將茄苳入石柳這門工藝在學術殿堂薪傳給學生，2014年得到臺南市政府文化局肯定，登錄為傳統技藝「茄苳入石柳」保存者，為府城珍貴的無形文化資產，當年並收丁志仁為其入門弟子，將其一生所學技藝傳承下去。

◆ 茄苳入石柳匾額。

◆ 玉皇大帝聖位。

◆ 茄苳入石柳祖先神主牌。

◆ 茄苳入石柳神明坐椅底座。

魯班信仰儀式面面觀

■ 動土先請魯班來動工

　　一般的寺廟動土建造，都要奉請魯班先師、荷葉先師前來動土開工，行宗教的儀式，祈求平安順利。

　　以金華府重修動土典禮為例，〈動土文〉如下所示：

◆ 2008年，市定古蹟金華府動土大典。

上香

日吉時良，天地開張，當空結座高臺，立案焚香

香煌沉沉，神必降臨，香煙昇起，神通萬里

奉請三界五方直符使者，傳香童子，奏事童郎。

速報天庭，奏請吉星正宿下凡降臨

顯應昭彰，開工動土，班斧靈靈，動土清明

動土平安，班斧奇奇，動土開工得吉時

開一開，山河社稷絕塵埃，點一點，恰是雷霆閃一閃

聽吾吩咐皆顯應，千年香火萬年在

擁護合臺常富貴，百子千孫天地長

動土者，萬神擁護，觀禮者，千氣靈样

動天天清，動地地靈，動人人長生，動爾凶神惡煞出外庭（再拜）

奉請魯班先師、荷葉先師、本境福德正神、地基大士、

本境五路財神及列聖高真來做主

今，吉日良時【主祭者姓名○○○、○○○……】爾等來動土

動土三師三童子・動土三師三童郎

神靈顯赫金華府，十方大德福常來（三拜回香）

一動東方甲乙木 香氣朗朗壯威光

福蔭金華府人物阜 錢銀火栗滿興倉

二動南方丙丁火 勒賜人間萬物諧

爐中香火長興旺 積善之府福慶來

◆ 市定古蹟金華府〈動土文〉。

三動西方庚辛金 榮華富貴傳萬代

出入遊行常吉慶 惜福賜恩降天財

再動北方壬癸水 永鎮本府年年旺

府門歲歲盡發彩 有願有從得吾意 凶神退避吉星來

五動中央戊己土 庇蔭山河恩社稷 恩霑宇宙賀人倫

神今動土通三界 庇佑金華府萬年春

今，以神旨意，祝福各位貴賓，貴人顯助，身體健康

禮成　鳴炮

　　動土需備的貢品則有：

　　紅圓12個、發粿8個、五牲、四果、鮮花、淨香、燭臺、壽金、斧頭、釘鎚、墨斗、角尺等物。

◆ 相傳魯班發明的墨斗曲尺。　◆ 相傳魯班發明的斧頭。　◆ 相傳魯班發明的釘鎚。

■ 退魯班──以永川大轎為例

恭謝魯班先師，奉送魯班先師歸位，叩答神恩。

　　魯班先師是木工業的行業神明，永川大轎老闆每天上班的第一件事，就是要向魯班先師上香，祈求保佑工廠內的員工工作都能平安順遂。當一件大轎完成，民間相信魯班先師神靈都有坐鎮於神轎之內，所以當客戶主家要載回神轎準備啟用之時，都會行退魯班儀式。主家會虔誠備香、花、茶、果、金箔等供品，來答謝魯班先師的神恩庇佑，方得順利完成，奉送魯班先師歸位。

1 / 2
　　3
　　4

1. 永川大轎退魯班準備中。
2. 退魯班儀式。
3. 永川大轎退魯班準備的供品。
4. 退魯神轎上有安奉魯班尺。

在臺南的王船取龍骨儀式中，也曾在興楠木材行看到三壇法師行退魯班儀式，以及取龍骨裁修與入寶儀式，案桌上即立有「魯班巧聖仙師」神位。

1/2
　3

1. 台南的王船取龍骨儀式中，案桌上立有「魯班巧聖仙師」神位。
2. 台南的王船取龍骨儀式進行中。
3. 台南的王船取龍骨儀式中，也曾在興楠木材行看到三壇法師行退魯班儀式。

魯班先師是木工業的行業神明，永川大轎老闆每天上班的第一件事，就是要向魯班先師上香，祈求保佑工廠內的員工工作都能平安順遂，下班再上香感謝。

人稱永川伯的王永川（1932～2020），從17歲開始，便承接起父親王西海（小木作師傅）的木工業，仗著當時年輕腦筋靈活，有衝勁與創意，就看著別人的作品，依自己的思考邏輯分析揣摩，不斷研究開發，竟也無師自通自己闖出一片天地，退伍後於1955年自行創業至今。24歲取妻王盧梅，並育有三男三女，有多位徒弟傳承，包含自己的長男王政雄、孫子王延、王襄與外孫洪子淵。

梳理其相關傳承，分別有：

第一批：黃振基、吳國泰、葉榮夫。

第二批：吳瑞麟、王永源、陳正隆、楊金闊、洪廖諸、陳福壽。

第三批：安部（北港人）、安壽（關廟人）、陳正雄、顏進根、黃釧祥、侯榮正、侯朝榮。

第四批：顏瑞旭、顏瑞裕、蔡天賜、萬士賢、王政雄。

第五批：洪子淵、黃伸豐、謝和霖、吳穎欣、黃英信、王延。

◆ 臺南神轎之父王永川。

◆ 永川大轎祭拜的巧聖先師，為金芳閣作品。

◆ 永川大轎三代傳人。

◆ 永川大轎主要承接廟宇神壇神明乘坐
的轎子等各類宗教器物。

◆ 木作堅持以卯榫相接。

　　永川大轎主要承接的工作是廟宇神壇神明乘坐的轎子、頂下桌、佛椅、九龍匾、公案桌、各類客製化的的宗教器物，神轎的製作是由花堵雕刻加上木工精密組合的藝術品，講究的是雕刻精緻、彎度優美、稜線整齊、結構堅固、接合完美，所以接合的部分是以接榫的方式再配合塗以水膠，連接處強調不用鐵釘，是傳統藝術的精緻工藝。

　　2009年，永川伯的大轎技藝受到肯定，獲得第十五屆全球中華文化藝術／統工藝類薪傳獎。2015年，也因為技藝精湛，被臺南市政府登錄為神轎製作傳統藝術保存者。目前臺南市作轎的師

傅，極大部分都是他所傳授出來的，可說是做神轎的祖師爺。永川伯一生低調平凡，一心一藝，徒子徒孫桃李滿天下，全臺很多宮廟神壇都有其作品，在臺灣的神轎工藝占有一席之地。

　　永川大轎目前是第二代長子王政雄所經營，第三代的孫子王延，大學畢業後也來工廠學藝，並設立作品展示間，往研發設計發展，且在網路臉書平臺行銷自家的產品，開創新局。

◆ 永川大轎作品展示間，展示的設計作品。

◆ 永川大轎作品展示間，展示的神轎。

■ 木雕師拜魯班──
以木雕職人黃宗憲為例

◆ 木雕職人黃宗憲。

　　黃宗憲（1974～），安南區溪頂寮人，國中畢業後追隨在永川大轎木雕部擔任木雕師的姑丈王國財學習木雕鑿花技藝，從事雕刻有30年之久，自2015

◆ 木雕作品局部。

◆ 木雕作品局部。

◆ 黃宗憲木雕作品。

◆ 母子龍（蒼龍教子），
黃宗憲作品。

◆ 福祿壽，黃宗憲作品。

年3月創業成立「藝峰木雕工作室」。

　　由於對木匠祖師爺的尊崇，並飲水思源其工藝師承自永川大轎雕刻部，創業後先分靈永川大轎的魯班先師香火供奉，祈庇佑工作順遂一帆風順，2020年再雕刻魯班先師神像至今。

　　由於對木匠祖師爺的尊崇，並飲水思源其工藝師承自永川大轎雕刻部，創業後先分靈永川大轎的魯班先師香火供奉，祈庇佑工作順遂一帆風順，2020年再雕刻魯班先師神像至今。

◆ 供奉的魯班先師。

◆ 木雕職人黃宗憲的工作空間，即供奉魯班先師香火。

■ 鹿港魯班公宴巧
　聖先師祀典

早年鹿港有四個魯班公神明會
的組織，以農曆5月7日魯班的生
日為例祭日。清光緒年間，鹿港成
立「小木花匠團錦森興」組織，為

◆ 鹿港巧聖先師。

魯班公會的組織，每年以擲筊的方式產生爐主、副爐主、首事等幹部，籌
辦祖師爺巧聖先師的祭祀。

1996年，鹿港紫極殿文教基金會董事長李棟樑、執行長黃志農提出辦
理魯班公宴的構想，由後來成立的鹿港朝陽協會協助企畫辦理，日期訂於
每年的端陽節假期舉行，地點於統一渡假村鹿港文創會館。

◆ 荷葉祖師泥水業祖師爺。

◆ 普庵祖師土木業祖師爺。　　◆ 七寶尊王鐵器業祖師爺。　　◆ 九天玄女製香業祖師爺。

　　主要內容是以108桌知名工藝家作品以古禮「看桌」，呈現工藝作品以祭祀祖師，超過500件工藝家作品展出，是一場結合傳統工藝與宗教信仰的藝文活動，全國北中南工藝師的大集合，非常難得的藝術饗宴。2008年並獲彰化縣政府登錄為「無形文化資產——民俗及有關文物」。法定保存單位為彰化縣鹿港朝陽協會，主要活動內容有「巧聖先師祀典」、「工藝作品宴祖師」、「鹿港巧聖先師會跋爐主」及「酬神舞臺」等，值得觀賞品味。

◆ 鹿港魯班公宴會場「看桌」一景。　　◆ 鹿港魯班公宴傳統木作工具展示。

嘉義莊博旺老師神像粉線作品　　　　　台北吳光勝老師作品

台南王仕吉老師作品　　　　　台北吳光勝老師作品

福德正神

桃園吳政男老師作品

彰化鹿港施至輝老師作品

彰化聖興西佛國
柯錦中老師作品

彰化縣鹿港
李秉圭老師作品
「鍾馗」

神轎的分類

■ 文轎

神轎粗分為文轎和武轎兩類。

文轎外表典雅，如同廟宇的結構與華麗的外觀。神轎構件包含：轎頭、轎頂、轎身、轎底、轎椅。轎身花堵雕刻

◆ 文轎轎頂常見有精緻繡布。

大小約有100塊的木雕構件，以卯榫組合而成，內部構造空間較小，常見的神明有文官、媽祖、尺寸較小尊的神明等，重量相對較重，觀感文雅秀氣。

◆ 板橋鎮發宮的文轎。

◆ 板橋鎮發宮的文轎側面。

◆ 局部雕花。

◆ 局部雕花。

● 陳俊龍文轎作品風格　　　　● 劉進文文轎作品風格

◆ 茄苳入石柳大轎，劉進文作品。

◆ 陳俊龍作品。

◆ 城隍爺下之24司官，以茄苳入石柳技法來表現「力水」的雕刻層次之美。

■ 武轎

　　武轎外表開放式的空間，轎的四週沒有遮蔽。神轎構件包含：蟠龍桌裙、筒座、轎底、轎椅。神尊的尺寸較大，可一覽無遺，也可放置多尊。轎身花堵雕刻較少，約有10幾件。常見的神明有武將、男性神明、尺寸大尊的神明。重量相對較文轎輕，觀感威武活潑。

1
—
2

◆ 武轎坐的神尊，常見是2尺6的大型神尊。

1. 碧龍宮武轎出巡情形。
2. 武轎沒有遮蔽，可直接見到神尊，常見大尊2尺以上的大神尊

◆ 三老爺蟒龍肚轎前

◆ 三老爺武轎側邊

◆ 三老爺宮武轎出巡。

◆ 局部萬仙陣。

◆ 轎前蟒龍
肚。

◆ 陳俊龍茄苳入石柳
武轎神轎。

◆ 現代神轎非常重視雕刻的細緻與主神的故事結合,變成為一件
藝術品,可做為收藏與展示。

■ 筒子轎（日治時期昭和7年，市仔頭福隆宮茄苳入石柳神轎）

　　筒子轎則是尺寸較小的武轎（早期的神轎尺寸），可坐的空間相對會較少，重量相對較輕。現代由於神像愈粧愈大尊，都會改坐武轎，觀感威武大器。

◆ 市仔頭福隆宮
筒子轎後側。
為平崁雕刻。

◆ 市仔頭福隆宮筒子轎。

◆ 廟額為蟠龍堵。為浮崁
雕刻。

筒子
造型

◆ 市仔頭福隆宮筒子轎側身。

■ 獻轎

　　獻轎則是筒子轎加上帳棚，是早期的棚轎（民間稱篷篷轎），是由筒子
轎＋屏風＋布蓋。神轎構件包含：布蓋的轎頂、蟠龍桌裙、筒座、屏風、
轎底、轎椅。由於有加帳棚與屏風，內部的空間相對縮小，轎的四週變有
遮蔽。常見的神明有文官武將皆行、尺寸大型的神明。

◆ 獻轎（蓋繡布）流行在棚架上插紙藝製官將。

◆ 獻轎（蓋繡布），又稱篷篷轎，行走時帆
布會上下發出蓬蓬的聲音。

　　近代獻轎是武轎加上布蓋，採二用形態，可當武轎亦可當獻轎。重量
相對較輕，觀感允文允武。[8]

神轎的木材材質大致如下：

轎身支柱	烏心石	花堵	臺灣樟木
轎底	臺灣樟木＋檜木	轎扛、轎擔	赤皮

獻轎流行二用

一、獻轎把棚架拿掉可當武轎用。

二、轎頂有空間可以加裝飾，變熱鬧有可看性。

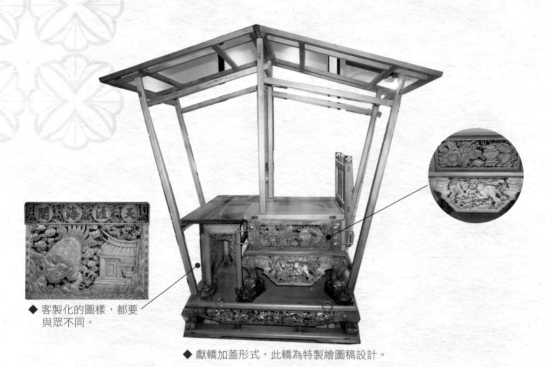

◆ 客製化的圖樣，都要
與眾不同。

◆ 獻轎加蓋形式，此轎為特製繪圖稿設計。

◆ 獻轎出巡。

◆ 加蓋的獻轎上裝置許多紙藝製官將。

石柳供桌與神轎

■「茄苳入石柳」工藝源流

「一府、二鹿、三艋舺」，臺南是臺灣早期的政治、經濟、文化中心，從荷蘭時期，經明鄭時期、清領時期，都以臺南為中心，再向外發展，在傳統工藝之雕刻技藝是最為精良。

連橫（1878～1936）在《臺灣通史／工藝志》云：「雕刻之術，木工最精，臺南為上，葫蘆墩次之，嘗以徑尺堅木，雕刻山水樓臺人物，內外玲瓏、栩栩欲活，崇祠巨廟，以為美觀。故如屏風、床榻、几案之處，每有一事，輒值數十金，蓋選材既佳，而論藝亦巧。」在其認知，臺灣各地的木雕工藝水準以臺南最為優質，執牛耳之地位，葫蘆墩（豐原）則次之，明載了臺南在工藝上的重要性。

而在其《雅言》著作中也列舉了兩位重要的雕刻工匠：

光緒初，臺南有名匠馬奇者，善刻木；居做針街。北極殿祀玄天上帝，廟董委造神輿。奇乃選石柳之美者，雕三十六天罡之像，附以花木鳥獸；兩面透澈，接洽無痕。竭三年之力始成，觀者以為全臺第一。乙未之役有兵駐此，鋸為數片，攜之而去。其後有陳瑞寶者，居北勢街之橫街，亦善刻木；然不及奇。[1]

---

1. 連橫，《雅言》，頁 55。

◆ 大天后宮鎮南媽專用神轎，留有臺南陳
　瑞寶雕的記名款。

◆ 異木鑲嵌工序圖解。

茄苳入石柳：應用二種不同色系木材，上下結
合的異木鑲嵌技藝。

「茄苳」：是指深色「基底材」的茄苳木。

「石柳」：是指淺色系的「頂鑲材」之木材統
稱，如石柳、狗骨仔、山柚木、肖楠木、檜木
等材皆可。

◆ 異木鑲嵌作品。

　　文中提到清末臺南的二位名匠馬奇與陳瑞寶，可惜馬奇在大上帝廟北
極殿的神轎已不在，但陳瑞寶的作品仍保存於世。其中所談到的石柳之美
者的神輿，應就是茄苳入石柳的神轎。陳瑞寶在大天后宮正殿尚留有鎮南
媽出巡神轎，與大正5年（1916）的翹頭案桌與下桌、大上帝北極殿頂下
桌，更傳習於老古石街的火木彫刻工處的陳火木。

　　「茄苳入石柳」是臺灣異木鑲嵌的技術，也稱「埋木細工」，其技藝原
鄉可能來自中國浙江東陽木雕與浙江寧波黃楊高嵌工藝[2]，常應用於傳統家

2. 沈墨甯，姜曉東，李飛著，《明清瑞獸博古木雕精
　 粹》，杭州：西泠印社出版社，2006年1月。

具、廟宇祭祀用的禮器，如神桌頂下桌、几桌、太師椅、匾額、神轎等，以淺色的石柳木鑲入深色的茄苳木當中，或以兩種不同材質之木料相互輝映，遠看如畫，近看精彩。技法並分有平嵌、浮嵌二種，屬於臺南特有的工藝。

異木鑲嵌的茄苳入石柳工藝何時傳入臺灣，並未確定，目前僅知最晚在道光年間（1820 ～ 1850）已傳入臺灣，所見記年款最早的供桌，是臺南市祀典武廟正殿的六角案桌，其六角供桌並有三大特色：

一、正面左右二側的道光18年落款年與捐贈人弟子景華張立興全叩，是異木鑲嵌茄苳入石柳作法。

二、前面花堵是透雕作法。

三、後面花堵是木雕清底作法。

◆ 臺南市祀典武廟正殿的六角案桌。

◆ 六角案桌正面，有「昭和4年陽月竹帽街諸商鋪重修」落款。

◆ 前面花堵是透雕作法。

但筆者在田調過程中也看到南廠保安宮道光15年（1835）的案桌，記年款也是以異木鑲嵌的方式來處理，可能放於儲藏室未被注意，該廟並有此年間的石柳大轎，雕刻非常精美。

◆ 道光乙未15年落款。

◆ 南廠保安宮道光15年案桌。

至於異木鑲嵌茄苳入石柳的作法以媽祖樓道光19（1839）年的供桌，整桌用「平嵌」的作法最為典型。遠看似畫，近看精彩。清咸豐5年（1855）出現的天壇玉皇上帝聖位牌亦是大件作品，良皇宮也存有清光緒6年（1880）的下桌（八仙桌）。

◆ 天壇清咸豐5年（1855）款玉皇上帝聖位牌。

◆ 媽祖樓內清道光19年款之案桌。

◆ 良皇宮清光緒6年（1880）款下桌。

2021年，筆者並在私人收藏品中亦發現有乾隆14年（1749）款的茄苳入石柳之小件木薦盒，其背面的內盒之底書有「乾隆拾肆年歲次己巳年十一月十有八

◆ 乾隆14年款木薦盒，為私人收藏品。

日，諸羅縣下埤庄張其得彫刻，打貓南保牛斗山郭家保藏」，值得關注研究，如是真品，也把茄苳入石柳的工藝品往前提早至乾隆年間就曾出現。

從府城寺廟有記年款的案桌形式變化來觀察，很明顯在道光中期是一個風格轉變期，力水的風格由曲矩（緞仔）透雕轉變到雕花與異木鑲嵌茄苳入石柳工藝。府城寺廟供桌在道光年間的風格轉變，可由下表一窺究竟：

◆ 東嶽殿道光18年（1838）款，張立興叩謝捐獻的神桌。

捐神桌叩謝第一名：
張立興（號）小故事

府城廟宇尤以張立興（號）叩謝的神桌最多，如：

道光18年（1838），祀典武廟的供桌。

道光18年（1838），東嶽殿的供桌、扇形桌。

道光19年（1839），媽祖樓的茄苳入石柳供桌。

道光19年（1839），北港朝天宮臺郡張立興號叩謝之湄洲進香的木製香擔。

年款	寺廟	正面	木雕技法	風格	桌形
清道光 10 年（1830）	臺南大天后宮	力水／曲矩紋（緞仔）	鏤空透雕	簡潔	條案
清道光 15 年（1835）	南廠保安宮	力水／曲矩紋（緞仔）	鏤空透雕／異木鑲嵌／記年款	簡潔	條案
清道光 18 年（1838）	東嶽殿	力水／曲矩紋（緞仔）	鏤空透雕	簡潔	條案
清道光 18 年（1838）	祀典武廟	正面垛仔／背面垛仔／正背力水／記年款	鏤空雕花／清底浮雕／鏤空透雕／異木鑲嵌	大器	六角案桌
清道光 19 年（1839）	媽祖樓	垛頭／垛仔／垂楣／力水／植物紋	異木鑲嵌整體平嵌	高貴／典雅	翹頭案桌

1 | 2

1. 東嶽殿道光18年（1838）款案桌，張立興作品。
2. 臺南大天后宮道光10年款案桌。

◆〈重修沙淘宮記〉中，張立興捐銀刻記。

　　張立興是在府城以糖間維生，為樂善好施之人，應是糖郊中人，在很多廟宇都有他的捐題記錄：

道光16年，重修沙淘宮碑記。
道光21年，重修北巷佛祖廟碑記。
道光25年，臺郡銀同祖廟捐題碑記。
道光26年，重修廣慈院碑記。
道光27年，重修崇福宮碑記。

道光29年，重修歸仁大人廟捐題碑記。
道光30年，重修元和宮碑記。
咸豐4年，重修北極殿官紳舖戶各姓名碑記。
咸豐5年，普濟殿重興碑記。
咸豐6年，重建馬公廟捐緣啟。
咸豐年間，臺郡天公壇碑記。

◆ 臺南大天后宮，大正5年（1916）麒龍桌。

日治初期，則以馬奇與陳瑞寶最具代表性人物。大正5年，臺南大天后宮正殿陳瑞寶的臺南「麒龍桌」樣式開始盛行，將清代臺南地區透雕的條案改變成為「浮嵌」的雕刻樣式，由簡單的曲矩樣式變為複雜的鑲嵌工藝。「麒龍桌」是主要的變化是在牙條（力水）與插角（垂仔）部位原有鏤空的曲矩（緞仔），改置「茄苳入石柳」異木鑲嵌技藝所作的雕花木板。[3]

由於正殿麒龍桌的大器，也帶動了流行，從臺南大天后宮到大正13年（1924）大上帝北極殿頂下桌、大正13年（1924）五帝廟頂下桌、大正15年（1926）馬公廟頂下桌，府城廟宇內一間接一間，成了廟內格局新的典型，也從臺南市向南北向外擴展流傳，影響了嘉義、臺南、高雄、屏東等縣市廣大區域。

祀典興濟宮內也存有大正14年（1925）茄苳入石柳神轎（是集敬堂和興堂眾爐下仝叩謝），桶邊還寫有臺南市北勢街製造人陳江漢，北區市仔頭福隆宮也存有昭和7年（1932）的茄苳入石柳神轎，此二種轎形民間稱桶子轎（也稱篷篷轎）。戰後1947年，也有三老爺宮的武轎，都是以茄苳入石柳的工法來製作，至今保存良好。

茄苳入石柳的傳統工藝，早期分布在現今臺南的信義街、神農街、新美街一帶，其中以陳火

◆ 陳火木老照片。陳燦亨／提供

3. 鄭碧英，〈臺灣傳統寺廟宗祠供桌之研究〉，頁2-11，中原大學碩士論文，2005年。

木較為知名。昭和3年（1928），火木時年18歲開始創業，從事茄苳入石柳民俗木雕的製造與修理，至今已傳承至兒子陳燦亨（1950～）與孫子陳憲民（1980～），陳家祖孫三代相互傳承。

◆ 老古石街火木雕刻處，茄苳入石柳專門店陳燦亨父子。

　戰後初期，在信義街（古名老古石街）與兌悅門附近就有4家從事此業，當時以火木彫刻的規模最大，員工曾高達20幾位，廠內並分有雕刻部與木工部，以要求品質細緻、價格昂貴著稱，且有批發生意供貨下游，當時嘉義、路竹、岡山、鳳山等地的家具店都會來批貨。

　1989年臺灣開放中國大陸物品輸入，很多寺廟基於成本考量，雕刻訂單都轉向中國，也因中國低價貨品的進口，使本地業者生意一落千丈，大受影響。2000年後，由於臺灣本土文化意識抬頭，「茄苳入石柳」的工藝，因其繁複的工法配合吉祥的圖案，及木材雙面的搭配，凸顯其精緻典雅的貴氣，受到許多收藏家的喜好與關注，專屬臺南風格的異木鑲嵌工藝

◆ 老古石街火木雕刻處，陳燦亨父子茄苳入石柳作品。

◆ 老古石街火木雕刻處，陳燦亨父子茄苳入石柳神轎作品。

也再度受到大家的青睞。2014年，陳南陽
（1947～2020）由於擁有畫稿與雕鑿鑲嵌
多樣技法，得到臺南市政府文化局肯定，
登錄為傳統技藝「茄苳入石柳」保存者，茄
苳入石柳的工藝並藉由網路的快速傳播，
吸引了許多年輕
族群的喜愛與收
藏，市場也因此
再次熱絡，風華
重現。

◆ 陳南陽的佛椅作品。

◆ 茄苳入石柳名
牌，陳南陽作品。

陳瑞寶（1855-1918），福建晉江人士，別名聲寶，生於咸豐五年
（1855），卒於大正七年（1918）。為舜裔一百六十二世，住臺一世祖，
育有三子：陳永奠（江山）、陳永森、陳永垚。元配張氏，另有繼室王
氏及林氏。陳瑞寶是清末日治時期臺南著名的木雕工藝師，居住於北
勢街橫街第一番戶，以異木鑲嵌的埋木細工（現稱茄苳入石柳）聞名
於世，並傳有徒弟陳火木（1910～1991）。臺南寺廟的傳世作品有大天
后宮正殿頂下桌（大正5年）、大天后宮鎮南媽神轎、以及
中和境北極殿頂下桌。1905年，明治天皇派遣大城源三郎
侍從武官（海軍），於8月來臺頒賜慰問金，在臺南博物館
挑選參訪紀念品，看上了一個上刻人物、花草、以「茄苳
入石柳」的府城特有之茶盆，正是出自陳瑞寶之手。而陳
瑞寶的作品，也曾出品於博覽會，並獲得數面銀牌。如在

◆ 大天后宮正殿，大正6年
（1917）款的下桌，陳瑞
寶在下桌桌面的留字。

1903 年「第五回內國勸業博覽會臺灣協贊會」獲得褒賞，且是唯一以木雕獲賞者。

◆ 臺灣縣城隍廟高懸的算盤。

1907 年，陳瑞寶其所製作之建築模型作品、塑像物件，工藝技法優良，展現出當代的美術工藝，被日本政府所收藏，一份留於臺灣，一份遠渡重洋進入東京，分別進入日本歷史最為悠久的日本東京帝室博物館及次新的九州博物館，臺灣則受臺北的臺博典藏，橫跨二國共三個國立館舍，都有其藏品。1908 年，其作品並被奉為款待貴賓之臺南名藝。

◆ 陳瑞寶其子陳江山於臺灣府城隍廟昭和 12 年（1937）所獻。

陳瑞寶有二位兒子，長子陳江山（1881～1963），別名永莫，號岷源，育有三子：紹熙、紹敬、紹晃。為歸仁歸園主人，臺灣府城隍廟與臺灣縣城隍廟的三川門上的大算盤，皆是陳江山於昭和 12 年（1937）丁丑年與昭和 7 年（1932）壬申年所獻。

次子陳永森（1913～1997），為旅日知名畫家，曾以膠彩畫入選第三、五、六回府展，是將膠彩畫引進臺灣的先驅之一。

陳瑞寶的作品介紹：麒龍桌與蟒龍桌

◆ 大天后宮正殿，大正 5 年（1916）款的頂桌，陳瑞寶作品。

大天后宮的八仙桌（蟒龍桌），桌面書寫《中庸》中的「知微之顯，可與入德矣 陳瑞寶敬勒」字樣。用洗石子的工法做出相當別緻與醒目。

蟒龍肚右側銘文紀年：「大正丁巳 6 年（1917）秋穀旦」。左側捐獻人紀文：「臺南陳瑞寶敬獻」，為其晚年作品。

◆ 大天后宮正殿，大正 6 年（1917）款的翹頭案桌與下桌，陳瑞寶作品。

大正 4 年（1915）的鎮南天上聖母神轎內，有木板「臺南陳瑞寶雕」記款。

■ 南廠保安宮石柳神轎

　　南廠保安宮創建於清康熙年間，王爺神像出巡乘坐的石柳神轎，於清道光15年製造，連同轎臺全長近2公尺，轎身面高1.8公尺，全轎由石柳木雕鑿而成。

　　這座神轎雕工非常細緻，花堵部分以透雕處理，圖稿不以人物戲齣取勝，而以大自然的四季花草樹木、昆蟲動物靈獸、花瓶香爐博古圖等作為圖案，題材素淨而高雅，隱喻自然和諧。

　　從神轎的雕工和圖案，顯見當時太平盛世，寓意祈求吉慶、平安如意，在民間廟宇中有如此藝術中的極品，相當難得。保安宮表示，整座神轎以木榫接合，在轎邊的花堵下方刻有蓮蕉葉與道光年間的通寶，寓意招財進寶，堪稱是道光年間木雕師父的佳作，廟方和信徒都視如國寶。

◆ 南廠保安宮神轎。

◆ 神轎內七府聖尊。

◆ 石柳神轎花堵「博古圖」。博古圖的圖案，有單一的題材，也有多種素材組合而成，常見是各種供品和寶物所組合而成的吉祥圖案，表達人們對神明的虔敬和希望得到美好祝福。

◆ 以四季花草入圖。

◆ 以花瓶、如意、花草入圖。

◆ 博古堵「卸甲榮歸」。

一件工藝品的完成，大致上由三大部門分工來完成：

一、設計師：他會對器形的風格樣式做出設計表現，並畫出設計圖與內容細節，為主要的靈魂人物，常由店老闆來執行或請專人繪稿。

二、木雕師：將需要雕刻鑿花的部分進行雕刻，優質的木雕師，雕久了也會懂繪稿，知道木雕內容如何設計與對應。客製化的時代來臨後，是目前最缺人力的部門。

三、木作師：是將各個木雕套件組合起來的人，會做接榫，注重組合的精密度、線條的優美曲線與稜線對齊，並著重於整個物件的「收尾」。

目前從事木質傳統工藝品業者，都是採複合式經營，如永川大轎是做小木作，廠內有雕刻部，需要繪稿的部分就請外面的畫師幫忙，相互配合分工。目前此三大部門的人都有在從事業務接單工作。

曲線優美的「倒圓」工法

◆ 早期的期茄苳入石柳几桌是沒有托腮。圖為日治時期陳勝南家平嵌八仙的几桌。

◆ 現代作品為了省工，力水上部「倒圓」讓其曲線優美，都被省略掉。

早期茄苳入石柳的頂鑲材浮雕的肉身（如圖花鳥）是較薄的

茄苳入石柳浮嵌八仙几桌，已有托腮的設計

1

2

1. 整個正面從几面、束頸、力水，此三處會有雕刻紋飾。講究的設計師在此三處的紋飾會做不一樣的表現，代表其厚工，較有藝術性。圖中的几桌，平嵌的每一層紋飾都不一樣。
2. 力水的雕刻費工，難易程度排序：人物帶騎、人物、獸類、花鳥、寶物、曲矩、硬團（硬篆）、軟團（軟篆）等。圖為六角几桌。

由於需配合神像所在祭祀空間的視覺，尺寸需符合文公尺的吉祥數字，如：

　　神像尺寸1尺，會搭配椅子1尺3。
　　神像尺寸1尺3，搭配椅子1尺6。
　　神像尺寸1尺6，搭配椅子2尺2。
　　神像尺寸2尺，搭配椅子2尺9。
　　神像尺寸2尺6，搭配椅子3尺6。
　　神像尺寸2尺9，搭配椅子4尺2。
　　材質則有：樟木、檜木。

文公尺（又稱門公尺、魯班尺）的尺寸

　　文公尺分八大格，依序是財、病、離、義、官、劫、害、本。尺上刻是「財」頭「本」尾，依序是：

　　（1）財（下分四格）：財德、寶庫、六合、迎福
　　（2）病（下分四格）：退財、公事、牢執、孤寡
　　（3）離（下分四格）：長庫、劫財、官鬼、失脫
　　（4）義（下分四格）：添丁、益利、貴子、大吉
　　（5）官（下分四格）：順科、橫財、進益、富貴
　　（6）劫（下分四格）：死別、退口、離鄉、財失
　　（7）害（下分四格）：災至、死絕、病臨、口舌
　　（8）本（下分四格）：財至、登科、進寶、興旺

◆ 文公尺又稱魯班尺，尺刻皆與吉凶有關。

● 興濟宮茄苳入石柳神轎

◆「臺南市北勢街製造人
　陳江漢」落款。

◆ 興濟宮神轎出巡。

◆ 下桌刻有大正14年款
　「集敬堂和興堂眾爐下全
　叩謝」。

◆ 興濟宮神轎。

◆ 神轎側面。

◆ 正面左右二側的道光
18年落款年與捐贈
人弟子景華張立興仝
叩，是異木鑲嵌茄苳
入石柳作法。

◆ 後面花堵是木雕清底
作法。

◆ 六角案桌花堵清底淺
浮雕特寫。

◆ 臺南市祀典武廟正殿的六角案桌，正面透雕、後面清底淺浮雕。

◆ 上面花堵是清底作法。

◆ 六角案桌頂桌後側面。

◆ 梳妝臺頂

◆ 鑲鏡

◆ 茄苳入石柳百年梳妝臺。少見以寫生的風景來做
異木鑲崁的素材。

◆ 茄苳入石柳框架。
提供／謝旻學

142

● 浙江東陽木雕茄苳入石柳眠床兩邊裝飾木架

◆ 淺浮嵌頂鑲材（厚度薄）。

◆ 從照片中可看出頂鑲材的
　厚度相當薄。

◆ 線條瘦長細緻。

◆ 浙江東陽木雕構圖素雅高貴，主題明確。

● 廳堂擺設

　　廳堂，是家庭內主要的祭祀空間與議事場所。早期俗諺：「入門看交椅茶几，桌上看花瓶五賽」。便可窺知其與民間生活的關聯，以及受重視的程度。民間有半廳是四椅二几、全廳是八椅四几的說法，從其廳堂的擺設便知是否為富厚之家。

◆ 頭港閩院王家廳堂四椅二几。　　◆ 全廳八椅四几的格局。

● 臺南金同成大廳

左右兩邊牆上方有祖先像

左右兩側有太師椅

中層祭拜的神明與祖先，有香爐

最上有佛祖彩（潘春源畫作）、對聯

八仙桌旁有公媽椅

頂下桌分三層（相當少見，正常是頂桌與下桌），此為中層

下層八仙桌有宣爐几桌

144

臺南茄荎入石柳著名匠師

■ 府城還真堂林貞魁

　　林貞魁（1957 ～），是福州派人樂軒佛店的第三代，祖父林亨琛（俗稱瘤師）是臺南福州派粧佛師的開山宗長，父親林利雄（1932 ～ 2020），其兄林貞鐃是福州派粧佛技藝的技術保存者。貞魁師從崑山工專工業設計科畢業後便去當兵，退伍後從事室內設計的工作，擅長繪稿與設計，作品有

◆ 林貞魁講究原創，自己用麥克筆繪製一比一比例尺的彩色稿。

佳里黃婦產科、民權路一段康維昌小兒科等醫生館、安平工業區一帶的工廠兼住宅建築，也建過3座的實木別墅，對木材與工藝有份特殊的感情。

◆ 林貞魁設計的佛椅，都是自己繪稿與原創，重視器物的設計與審美觀。

　　30歲時，為習得木工藝的技巧與精華，毅然從學徒開始投入10年的光陰來學習，其中有4年受聘於奇美博物館擔任文物修護師，學習修舊如舊的觀念，也因此吸收到博物館的修護觀念與西方的工藝技術與內涵，「還真堂」的命名，是幫臺北的客戶修護文物，讓客戶讚嘆不已，譽其「還其真實面目」之意，送給他當店名，貞魁師也就以此為名至今。

1 | 2

1. 府城還真堂林貞魁指出，佛椅愈簡單愈難作。

2. 府城還真堂林貞魁的佛椅作品，講究線條優美器雅。

　　他的作品講究都是自己繪稿與原創，重視器物的設計與審美觀，強調器物的美學欣賞很重要，優美雅器才是靈魂所在，一般人都只會看細部的雕工，他是臺灣少見能用彩色筆繪稿的藝師，每件作品都是自己繪稿。

◆ 神明底座的几桌。

　　強調要具有藝術價值就必須有優雅的輪廓、和諧的比例、適宜的尺度、穩重的態勢，為何圈椅是明式傢具的代表，這都是古代匠人智慧的結晶，所以要多讀書，多閱歷，再融合入自己的美學想法，才有一件好作品的產出。從2012年開始，貞魁師專心投入客製化的木工藝品，為傳統藝術奉獻心力。

◆ 林貞魁設計的薦盒。

◆ 林貞魁設計的請椅與眾不同。

◆ 林貞魁設計的請椅，螭虎與卷草紋軟團是其特色。

◆ 林貞魁修復的五帝廟茄苳入石柳頂桌（1924年）。

■ 劉進文木雕工作室

　　劉進文（1970～），臺南市中西區忠孝街出生，長榮大學美術系畢業。17歲開始學習粧佛工藝，師承人間國寶木雕大師陳啟村老師學藝；27歲成立劉進文木雕工作室，數度參加府城工藝獎，屢獲佳績。

◆ 屢獲府城工藝獎的木雕大師劉進文。

　　2018年榮獲臺南美展傳統工藝類第一名，現為府城傳統藝術學會會員兼總幹事；2022年擔任臺南應用科技大學茄苳入石柳木雕講師。

$\dfrac{\begin{matrix}1\end{matrix}}{\begin{matrix}2\\3\end{matrix}}$

1. 2018年臺南美展傳統工藝類首獎劉進文，利用異木鑲崁技術製作的公媽椅。
2. 利用異木鑲崁技術與書法結合的几桌。
3. 利用異木鑲崁技術與書法結合。

◆ 異木鑲崁的應用，几面為平崁
几桌，力水為浮崁。

◆ 利用異木鑲崁技術與影像結合。

◆ 浮崁技術。

◆ 平崁技術。

粧佛保存篇

■ 西佛國佛店

神農街西佛國蔡家，祖籍來自中國福建泉州府南門外衛城永寧十九都坑東鄉，開臺祖蔡德利從泉州移民到臺灣，篳路藍縷，傳衍至蔡天民已是第六世。

◆ 神農街西佛國外貌。

粧佛工藝主要是從事神佛像雕塑與神像修復的工作，其版圖則是從蔡義培創立佛西國開始，再傳給蔡心（1891 ～ 1978，俗稱佛仔心）。蔡心在大正12年（1924）創立西佛國，他不僅會雕刻也會泥塑，所雕塑的大尊神明占府城廟宇的數量最多，尤以大廟宇如大天后宮的鎮南媽、原延平郡王祠的木雕鄭成功（現祀鄭氏家廟）、臺灣府城隍廟的鎮殿城隍爺、水仙宮的水仙尊王、南廠保安宮的大尊吳府二鎮與五府千歲、良皇宮的二鎮（武身的保生大帝）、沙淘宮的二鎮太子爺、崇福宮的二鎮玄天上帝、整修西羅殿的二鎮廣澤尊王等，現家裡尚留有昭和2年（1927）的高雄美濃廣化堂的贈狀，由於土木雙擅，作品散見各大廟宇。

◆ 臺南金華府正殿神明。

◆ 臺南土城正統鹿耳門聖母廟五王殿泥塑五王。

◆ 台東天后宮天上聖母。

◆ 大崗山超峰寺西方三聖
殿之延壽堂藥師佛。

◆ 廣慈庵立姿觀世音菩薩。

其粧佛工藝尚保存以綿紙（雞毛紙）包裹神像外皮，再上黃土底，上漆以礦物質顏料上色的傳統技法，目前在臺南地區是絕無僅有，神佛像全程製作，從頭到尾，都能一手包辦，保留完整的工序。目前府城粧佛界唯一橫跨清末、日治時期、戰後三個時代的佛店，在臺南的粧佛店傳承最為久遠。從第一代先祖蔡義培、第二代祖父蔡心、第三代父親蔡南山、到第四代蔡天民（1930～），第五代蔡友誠（1966～），擁有百年的歷史。

2012年，臺南市政府登錄蔡天民為傳統藝術類／粧佛工藝技藝保存者，今年已93歲，其工作年資達78年以上，未曾間斷，至目前仍持續創作，其作品數量眾多，分布臺灣各地寺廟，其家族與其個人的作品反映了當代神像、雕刻、泥塑工藝之發展演變。

◆ 西佛國蔡天民父子。

◆ 關帝、關平、周倉。

■ 神采佛像雕塑店

◆ 徐甲真人作品。　　◆ 月下老人作品。

　　林貞鐃（1953～），臺南市枋橋頭（民權路）出生，育有一女一男，17歲開始學習粧佛工藝，師承家族人樂軒三叔林利銘學藝。「人樂軒」是由福州籍的祖父林亨琛於日治昭和2年（1927）所創立，戰後與大兒子林利燈、二兒子利雄與三兒子林利銘各分工合作，以家族式的管理來經營佛具店，並廣為傳習非家族的門徒，以應付戰後廣大的粧佛市場，學徒經3年4個月出師後，也陸續出去創業，並將福州派粧佛技藝傳衍至臺灣各地。

　　林貞鐃為人樂軒第三代傳人，直到40歲以後，才獨立創業，開設神采佛像雕塑店。走精緻神像雕塑路線，以區分大陸機械複製低價與粗糙的市場，因其擅泥塑，故會先以泥塑打稿，再以木雕粧佛，重視神尊的姿態動態及臉部生動的神韻表情，承襲福州派注重優美的比例，誇張的氣勢，並融合自己的藝術思維。

◆ 關帝與關平、周倉。

　　歷年來創作不斷，精益求精，並參加競賽來激勵自己勇往直前，2013年以「齊天大聖」作品榮獲臺灣工藝競賽二等獎；2014年榮獲臺南市文化局登錄為臺南市無形文化資產 - 傳統藝術─粧佛工藝保存者；2016年更

以《關懷》為主題雕刻媽祖，參加臺南美展，獲傳統工藝類第一名並奪下「臺南獎」殊榮。精湛手藝倍受市場肯定，目前並交棒第四代林仁傑，成立神采紙帽，父子共同在粧佛技藝相互切磋扶持。2021年，神采佛像獲國立臺灣工藝研究發展中心評選認證，入選為第六屆「臺灣工藝之家」，誓將福州派的粧佛工藝延續並發揚光大。

齊天大聖作品

以媽祖為主題的雕刻作品《關懷》

黃德勝老師，1955年出生，臺南
安平王城西人，28歲結婚，育有一男
三女，小時候就對美術方面有興趣，
西門國小畢業後就被父母帶入「金芳
閣」糊紙店，追隨有糊紙狀元美稱的
陳金泳（1934～1997，漳州人）老師
學習糊紙技藝。陳金泳以作工精巧細

◆ 臺南唐興閣德勝師。

緻聞名全國，尤擅彩繪與用色，曾參加北港舉辦的第一屆、第二屆的全國
花燈比賽得到第一名，相當有藝術天份，後來師傅感於自己花心思的作
品，無法保存下來，實感可惜，遂轉行作粧佛雕刻，德勝師也追隨老師一
起轉型學習。金泳師為強化其弟子的繪畫根底，也讓他去跟隨陳峰永老師
學習素描，師徒倆靠著自我摸索與磨練，早期的粧佛風格先以模仿泉州派
西佛國風格為主，並吸取泉州、福州兩派之優點，採折衷方式再自創一
格，成為臺南的本土派，以重視皮面的裝飾與寫實細膩的彩繪用色，自成
一派「閣派」。

黃德勝31歲時自行
創業，金泳師幫他取名為
「唐興閣」。其個性木訥
耿直，內斂沉穩，不善交
際，喜歡專注於雕刻的創
作，追求完美，粧佛工序
尚堅持細坯完成後再上動

◆ 觀音作品。

◆ 關聖帝君作品。

物膠黃土底，與臉部用礦物性顏料之傳統技法，衣著裝飾講究精緻典雅，風格融合了泉州、福州二派之特色，而成為屬於臺南自己的「唐興閣」風格，具藝術價值，並傳承有弟子興同閣黃敬仁在外開業。

◆ 五瘟大帝作品。

1989年完成新化龍慶宮的鎮殿五瘟大帝創作，臉部誇張的表情，凶猛有力的氣勢，健美寫實的肌肉表現，前衛的風格有別於一般傳統神像，令人驚豔，其技法表現也得到市場的認同，聲名遠播。近代的太子爺，則以天真無邪的笑容，肥嫩的手腳身軀來表現出可愛、活潑之少年神韻，成為外界爭相模仿的對象。

◆ 太子爺臉部神情。

◆ 太子爺側身。

◆ 太子爺背部。

德勝師的每一件神像作品都是為客戶而設計，裡面裝載了他的內在心思與創作靈魂，傳遞他對生命藝術價值的熱愛，會注重其美感、藝術性、小細節，面相身材比例則偏向西方的寫實手法，由於神像重神韻，所以要將東方傳統的神像融入西方的藝術寫實，寫意與寫實的比例拿捏都是考驗藝師的功力，也因其嚴謹的態度，受到市場的好評，訂單不斷。

作品分布於總趕宮、新化龍慶宮、水官大帝廟、桃園海湖福安府、仁德玄天真武殿等處。

◆ 天上聖母作品。

◆ 三坪祖師作品。

金銀細工與神明會

■ 府城金工業的發展

臺灣府城的街市發展，在乾隆嘉慶年間（1752-1807），開始陸續有民生用品專售的街道出現，分別有草花街、打鐵街、做針街、鞋街、下打石街、做篾街、米街、外打棕街、杉行街等，可見同業集市販賣的街道已頗具規模，當時城內已發展出57條街，並有城外20條街，共77條街。

到了光緒年間（1875），由福州船政學堂學生所測繪的「臺灣府城街道圖」內，「打銀街」終被測繪出來。此時，地圖中記載的臺南街名計有145條，相關民生用品的街道則多出有弓箭街、打銀街、磁仔巷。

打銀街究竟是何時出現，北港朝天宮有一桌裙下桌，刻有道光己酉年29年（1849）花月吉置，落款「臺郡下打銀街葉合成叩」，可知在道光末年府城已有專門製造銀飾製品的街道，日人相良吉哉在昭和8（1933）的《臺南州祠廟名鑑》中載金銀細工的金如意神明會，創立於道光元年（1820），會員有250人，成員是市內金銀細工職

◆ 光緒元年（1875）的臺灣府城街道圖，其中打銀街的相關位置。

◆ 昔日打銀街今貌。

工福建人有志一同，祀神是女媧娘娘，此資料更可以跟臺郡下打銀街做呼應。

當時金銀細工作的女子首飾品約分有9種：（一）金簪子、（銀簪子、銅簪子）。（二）金釧兒（銀釧兒、銅釧兒）（三）金戒指（銀戒指、銅戒指）（四）金如意針（銀如意針、銅如意針）。（五）金荷花簪子（銀荷花簪子、銅荷花簪子）（六）金鐲子（銀鐲子、銅鐲子）（七）金耳控子（銀耳控子、銅耳控子）（八）金筹絲針（銀筹絲針、銅筹絲針）（九）金練子（銀練子、銅練子）。以上九種中，以第一至第四種為最為常用品。

在昭和6年（1931）《臺南市產業要覽》內載，金銀細工的製造所則有88所，統計如下：

工　場　名	所　在　地	負　責　人
新勝發本店金銀細工工場	本町二丁目 204 番地	萬坤
新勝發金銀細工工場	本町三目丁 197 番地	萬朝榮
長房金足成金銀細工工場	本町三目丁 78 番地	孫清波
錦昌金銀細工工場	白金町五目丁 8 番地	黃讚富
金足成金銀細工工場	本町三目丁 100 番地	孫婷
舊金足成金銀細工工場	本町三目丁 188 番地	詹得財
其他 52 戶	市內	
共計 88 戶		

資料來源：張耘書，《臺南金屬工藝研究》，臺南市政府文化局，2016，頁19

在《金如意神明會沿革》冊內載，
該會是臺南市銀樓業老闆與打銀師所組
成，內有一辭職書，詳述首任管理人詹
得財於民國42年的辭職，文中記有已任
職50餘年，推算他應該在1900年前後，
時間點時值清末日治初期之間開始任管
理人，並由舊足成銀樓老闆詹得財、詹

◆ 銀樓工會爐主佛女皇娘娘。

得棟、詹得樑、詹灶等兄弟籌建金如意固定神明固定居所與開發固定財
源，以供眾神明慶典經費，發起向會員募款籌資，才購得民權路一段之房
產，另立為舊金如意，因而有新舊如意二會。現今金如意神明會與金如意
復興會（臺南市銀樓業職業工會於民國39年另再成立）

　　並於民國50末年，由主委胡啟燻正式向市政府備案成立「金如意神明
會」，民國95年的主委則是胡芳壽，昭和6年（1931）《臺南市產業要覽》內
載舊金足成金銀細工工場的詹得財，應該就是金如意神明會的首任管理人。

　　臺南舊時的打銀街，在現忠義路二段與民權二段116號一帶（日治時
期稱白金町）。如今，忠義路二段116號往北一帶，現附近只剩下2家銀樓
（金寶山、正王冠），而目前臺南市銀樓工會截自2021年的統計，參加的金
工匠師會員有2,602人。金如意神明會

臺南忠義路二段一帶金寶山銀樓。

參考資料：
謝奇峰，《臺南府城聯境組織研究》，頁30-60，2013。
相良吉哉，《臺南州祠廟名鑑》，昭和8（1933）。
《漢文臺灣日日新報》，明治44（1911）1月16日，題名：清人日用首飾品。
胡芳壽，《金如意神明會沿革》，民國95年製訂本。
2021年臺南市銀樓業職業工會／第29屆第二次代表大會會刊。

金如意神明會，創立於道光元年（1820），當時會員有250人，成員是市內金銀細工職工福建人有志一同，目前會員有51位。

留有神像共有5尊，分別是女皇聖帝、胡靖先師、招財王、2尊宮女。

■ 金如意神明會神尊聖誕祭祀供品

金如意神尊聖誕日期：

一、胡靖先師聖誕，農曆4月15日（辦餐會）。

二、招財王聖誕，農曆9月17日（無餐會，由爐主在家祭拜）。

三、女媧娘娘聖誕，農曆10月15日（辦餐會）。

◆ 金如意神明會爐主佛共5尊。

神尊聖誕之祭祀供品

金：足百壽金至少6支

香：一大包

燭：一對（大付）

（1）五牲一付

（2）水果五項

（3）山珍海味一組（四項）

（4）十二菜碗一組（六溼＋六乾）

（5）四菓茶一份（三杯）

（6）壽麵（三份）

（7）鮮花一對

（8）壽桃

※ 主神女媧娘娘聖誕加供拜糖塔（五狩）

■ 金如意神明會：女皇聖帝──女媧娘娘

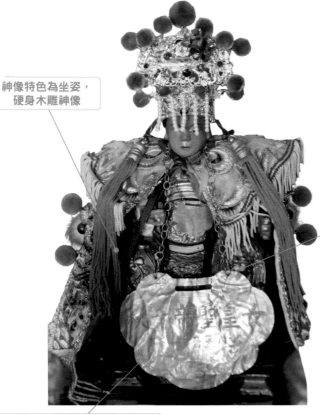

神像特色為坐姿，
硬身木雕神像

女媧娘娘右手拿如意，
左手放在腿上

正面端坐龍頭圈椅之上，懸掛
刻有「女皇聖帝千秋」金牌

女媧娘娘側影

女媧娘娘信仰源由

女媧娘娘為中國傳說的神話人物，為上古時代的創世女神，又稱女媧氏，亦稱媧皇、女希氏。傳為伏羲氏的妹妹，為人頭蛇身的女神。相傳女媧娘娘先用手捏黃土創造了人，遂有娘娘為人類最早的母親之說，也有送子的職能之說，被金工業尊稱為「女皇聖帝」，金如意神明會訂定聖誕日為農曆 10 月 15 日。中國河北涉縣中皇山上媧皇宮，稱為女媧故里，是中國肇建時間最早、影響地域最廣的中華始祖女媧的朝拜聖地，其慶典則是「做三月」。

女媧娘娘最被津津樂道的傳說貢獻是搏土造人與煉石補天。《風俗通義》載：天地開闢，未有人民。女媧搏黃土作人，務劇，力不暇供，乃引繩於泥中，舉以為人。

《淮南子·覽冥篇》載：女媧煉五色石以補蒼天，斬鰲足以立四極，殺黑龍以濟冀州，積蘆灰以止淫水。

所以在其神像的造像中，常看到匠師以母親的造型創作，並以手持五彩礦石來呼應其煉石補天之故事意象。而女媧娘娘信仰，在臺灣也有地母娘娘之說。地母崇拜起源於上古時代，自初民社會以來，因人們對於大自然現象的探究，對於土地的崇拜與敬畏。祈求能身心安頓，產生了豐富多元的神話想像，而將其人格化，認為祂是主宰大地山川、生養萬物之神，也是大地萬物之母。

地母廟普遍奉誦的光緒 9 年（1883）《地母經》，全名是《無上虛空地母玄化養生保命真經》，其中「天父地母脈元始祖寶誥」言：「……天地合一，化生萬靈萬物，體質氤氳，造化靈應，天父地母威靈普化三曹，闢開渾沌，造化宇宙，萬靈棲居，滴滴心血，養育群生，玄源玄化，養生保

命，水有源，樹有根，飲水思源⋯⋯」闡述了「地」與「天」共同含容萬物的概念。

內經文也記載「媧皇制人倫，乾坤合其德，兩儀妙生成，從此地母神」，「從此地母神」承接了「女媧皇」具體化形象，等同於「地母」是「女媧」的化身。

金如意神明會爐公先師胡靖
——金如意神明會爐公先師胡靖

臉面黑圓，目直視前方，五絡長鬚，其腳下有踏座

頭戴官帽，身穿蟒袍，披八卦衣，右手持物

正面坐於龍頭圈椅之上，左腳翹起

神像特色為坐姿，硬身木雕神像

參考文獻：
林仁昱，〈臺灣奉祀「地母至尊」宮廟考查及信仰觀念探析〉，《興大中文學報》，2008。
翁智鎔，〈臺灣地母信仰——以中華隨緣總堂靈修協會為主〉，2015年輔大宗教系碩論。
蕭霽虹，〈地母信仰及其經卷在雲南的傳承探析〉。
李遠國，〈地母崇拜的歷史考辯〉。

而「盤古初生我當尊，陰陽二氣配成婚」，也被解讀成女媧的神格是與上古時代的盤古同時期，且當「尊」又早於盤古之前，所以也把地母的地位，推向大地萬物、宇宙之源的位格。

胡靖先師信仰源由

有關胡靖先師的研究稀少，有多種版本，回顧之前魯班信仰章節，有幾個重點：

一、相傳爐公先師為胡靖，為三皇時代人，自幼聰慧過人，奉女媧娘娘之命，負責研究護火鍊鐵之法，終於發明火爐，並為黃帝煉銅鑄鼎，乃被尊為「爐公先師」，每年農曆4月13日為其聖誕。

二、據香港金銀首飾工商總會袁星海所寫的〈金銀細工祖師爺——胡靖先師史略〉，文中考證胡靖先師生於宋太祖2年12月初六（960），家小康，自幼聰慧，喜愛雕刻，故棄學從商，自營五金商店，專營製造金、銀、銅、鐵、錫各項細工，由於手藝精巧，製器精美，受到市場肯定，購者日眾，並傳習授徒，名揚遐邇，成為金飾業名匠。並獲邀入宮製器，卻一去不還，慘遭不測，後其子為父雪冤，得以平反，並諭追封為工部尚書。

三、馬來西亞檳城銀匠行則有胡靖就是胡武撰的說法，鄭永美〈歷史研究者釐清胡靖身份〉文中載：他是福建省汀州府永定縣下洋鎮中川鄉人，操客語；胡武撰是大伯公街大伯公福德祠立廟總理，嘉慶庚午15年（1810）7月合送「同寅協恭」匾。道光17年（1837），廣東暨汀州第一公塚建造冢亭時，他有捐銀陸元的紀錄，卒於咸豐元年（1851），葬於廣汀第一公塚，墓號「52441」。

招財王與爐公先師是女皇聖帝的左右祀神，神像在設計上也有左右對應。

右立招財王：右腳翹腳，左手持物。一文，細眼，文氣。

左立爐公先師：左腳翹腳，右手持物。一武，圓目，威武。

◆ 爐公先師。

◆ 金如意神明會爐主佛共五尊，女皇聖帝的左右祀神有招財王與爐公先師，前方還有宮女隨伺。

◆ 招財王。

金如意神明會神像招財王

頭戴文官銀帽，身穿蟒袍，左手持物

粉面秀氣，五絡長鬚，直視前方

神像特色為坐姿，硬身木雕神像

正面坐於龍頭圈椅之上，右腳翹起

招財王信仰源由

金如意神明會的招財王是拜沈萬三，招財王聖誕訂於農曆9月19日。

招財王又稱招財尊王、聚寶真君、聚寶尊王、七寶尊王、富財神、財神爺，為金工業、銀樓業、珠寶業、銀行業常供奉的守護神，廣義的解釋就是能招來財富的神明。在臺灣，對於招財王的由來各有不同的解讀，金如意神明會的會員手冊紀載則是指向沈萬三。

沈萬三（1306？～1394？），為歷史人物，浙江烏程縣南潯鎮人，是明朝巨富的代表，富甲天下，又名沈萬山、沈秀，本名沈富，字仲榮，世稱萬三。亦有學者顧誠考證沈萬三的事蹟，似被誇大，且其生卒年代都在元朝，坊間對於沈萬三的故事幾近於傳奇，真相真假難辨。傳說擁有聚寶盆，不管放什麼東西於盆內都可以成為珍寶，多到不可勝數，且生財聚財技巧高超，資產富可敵國，又樂善好施，傳曾出錢協助明太祖朱元璋建立王朝，或云向明太祖朱元璋獻糧餉助其平定蘇州，因財力雄厚，富甲四方，被後代人奉作富財神的代表，又稱招財王。

招財王如果以現代商人的角度看來，其實就是經營事業成功的企業家，對於市場有敏銳的洞察力，有機智過人的膽識，和穩健的經營策略，打造了如護國神山般的企業帝國。

目前有關於民間財神信仰的版本非常多且廣泛，常見有五路財神的說法，可能受了五方、五行觀念的影響，或云有文財神比干、武財神趙公明、招寶天尊蕭升、納珍天尊曹寶、招財使者陳九公、利市仙官姚少司、經商財神范蠡、海蟾祖師劉操、生財

◆ 八路財神的金紙

之神石崇、進寶之神麻姑、和氣生財的和合二仙、信義財神——關羽、關平、周倉三聖等。

佛萊國黃瑞祥

黃瑞祥（1962～），臺南縣七股鄉龍山村出生，國中畢業後，16 歲來到臺南市民權路來佛國，開始學習粧佛，來佛國屬泉州派技法的粧佛店，1977 年時，拜進已 67 歲高齡的蔡金永老師門下。

出師後，26 歲自行創業，蔡金永老師並幫黃瑞祥取店名為「佛萊國」，以示傳承。瑞祥師強調，個人作品都是純手工打坯，泉州佛體。瑞祥師並有其子黃仲安傳承衣缽，父子連手在傳統藝術市場努力，為府城傳統藝術學會會員。

◆ 打坯中的瑞祥師。

女媧娘娘像，黃瑞祥作品

◆ 女媧娘娘像側影。

◆ 女媧娘娘像背影。

◆ 手拿七彩礦石。

作品在臺南天壇、臺南安平開臺天后宮、臺南共善堂、鎮猿境頂土地公廟、臺南大灣國聖宮、臺南鹿耳門天后宮等散見。

◆ 池王爺，黃瑞祥作品。　　◆ 道祖，黃瑞祥作品。

■ 復興金如意神明會神像

　　臺南市銀樓業職業工會崇奉女皇聖帝與胡靖先師，稱復興金如意神明會。在日治時期就有少數從事金銀細工（打金師）之工作者參拜的「金如意」神明會，戰後由於信徒激增，也有自己會內財產，所以就禁止新信徒參加。所以在民國39年由許火炎、莫金田、張傳宗等20名熱心信徒努力之下，發起另外成立新的銀樓業工會，稱為「復興金如意」神明會，當時信徒有800名，至今也有300多名信徒。

　　女皇聖帝壽誕是每年農曆10月15日，由爐主主辦宴席，信徒受邀參加。爐主的遴選採會員爐主制度，由

◆ 銀樓工會爐主佛及宮女等四尊。

擲有聖杯最多者的信徒當選爐主，每人免費領受壽桃。至2020年的統計，會員共有 2,602 人。

胡靖先師是金銀細工工作者之祖師，為了飲水思源，感念祖師之聖恩，目前臺南市銀樓業職業工會、香港金銀首飾工商總會及基隆市銀樓業職業工會，都有供奉胡靖先師。

復興金如意神明會神像粧佛派別屬西佛國泉州派，西佛國為臺南傳承五代的粧佛店，具有外皮著色採用礦物彩顏料彩繪之特色。

◆ 胡靖先師王令。

復興金如意神明會爐公先師胡靖

臉面黑圓，目直視前方，五絡長鬚

右手持如意，左手掌心向下，置於腿上

神像特色為坐姿，硬身木雕神像

戴官帽，身穿蟒袍，披八卦衣（銀帽是文官帽，形似駙馬冠）

正面端坐於披虎皮的龍頭圈椅之上

其腳下有虎皮紋踏座

復興金如意神明會女皇聖帝

神像特色為坐姿，硬身木雕神像

頭戴聖帝帽，原形是腦後左右二髮梳束起椎髻，留長垂髻，外翹如燕尾

正面端坐於披布巾的龍頭圈椅之上

身穿蟒袍，腳著弓鞋，臉面粉面，單鳳眼、柳葉眉，目直視前方，微笑

右手持佛塵，手掌心向下置於腿上，其腳下有踏座

銀帽與粧佛

■ 府城的銀帽老店

　　筆者田調府城銀帽業者老店，都是金銀細工業者再轉型至銀帽製造業者。從日治時期到戰後計有：

店名（負責人）	店址	備註
01 呂子成 （曾任台南市銀樓工會第8屆理事）	馬公廟巷邊 （蝦仁肉圓店後面）	據傳是府城最早的 銀帽業者 ※ 目前已停業
02 達成細工歐陽世家 第一代歐陽在中 第二代歐陽朝達（1910～1995） 第三代歐陽勝章（1954～）	中西區小西腳西門 路一段771巷4號	店內有民國40年 臺灣府城隍廟之贈匾
03 呂師三兄弟 第一代呂生（總趕宮人 生有三男） 第二代長男呂朝欽、次男呂朝寅、 三男呂昆藤	南廠保安宮後面	呂朝寅曾任台南市 銀樓工會 第8～11屆理事 ※ 目前已停業
04 南盛銀帽 第一代鄭森（1925～1995） 第二代鄭敏榮（1947～）	北區立賢路一段 551號	
05 金冠佛帽 第一代郭春福（1950～） 第二代郭靜璇（1983～）	南區鹽埕路	銀帽保存者
06 啟豐銀帽 第一代林啟豐（1938～2012） 第二代林盟修（1966～）	南區惠南街	台灣工藝之家
07 天冠銀帽 蘇啟松（1958～） 蘇建安（1969～）兄弟	北區文賢路	台灣工藝之家

簡榮聰先生著作《臺灣銀器藝術》中所調查的臺南府城的呂氏家族，生於清末的呂生，乃師承泉州（民國76年出版時已經96歲），其手藝傳於三子，分別是長男呂朝欽、次男呂朝寅、三男呂昆藤。呂氏家族的花絲（柳絲）工藝在臺灣可謂一絕，呂氏兄弟最多能拉到36號，已冠絕全臺灣，而其父親呂生卻能抽到38號，無人出其右。

開基共善堂原鎮殿邢府千歲銀帽

開基共善堂原鎮殿邢府
千歲銀帽

銀帽後面刻有
「共善堂眾爐下仝叩大
正己未年8年桐月置」
記年款1919年

神像屬泉州派

白劍將軍

鎮殿邢府千歲，配黑旗、白劍將軍
神像屬福州體

黑旗將軍

■ 神明銀帽技術保存者郭春福

　　郭春福（1950〜），鹽埕人，從打金業、
神明紙帽、神明合金帽到神明銀帽，是全方
位的臺南神明帽盔製作達人。國小畢業後，
跟隨著親戚二舅黃國祥學習「打金業」技藝，
在3年4個月的金工技藝學成後，不久即自行
創業。1967年加入臺南市銀樓工會，會員編
號是第35號，屬於資深會員。創業之初的工
作大都是幫銀樓者代工為主，至於當時接觸
到廟宇的銀帽製作，多由銀樓業者承接後，
再轉單而來，並以模仿的方式來打造製作。

◆ 郭春福專注於工作時。

◆ 神明銀帽技術保存者郭春福。

　　1970年，春福師被調去小金門當兵，在
大膽島的無線電臺，遇到鍾姓外省士官長，他在河北原鄉是專做官帽的世
家，每天一早起來就做紙帽來解鄉愁，還很熱心的將製作盔帽的方法傳授
給春福師。在每天耳濡目染之下，也讓春福師對於製作神盔的材料、方法
與器形有了基礎的概念，種下了以後往紙帽、銀帽等各種神盔發展的種子。

　　退伍後，春福師仍從事打金行業。26歲結婚後，1978年當時，電鍍
業好友王煙火建議他可轉型做合金帽，也因緣巧合受到府城金芳閣派粧
佛業名師陳金泳的悉心指導，並提供帽筒打版的草稿與圖案，讓春福師

郭春福（金冠佛帽）
地址：台南市南區新興路461巷6弄18號
電話：0919161783、06-2641843

◆ 太子爺銀帽，郭春福作品。　　◆ 邢府千歲銅帽，郭春福作品。

往神明合金帽去發展。1980年代後，臺灣各地瘋迷「大家樂」，中獎人有的就會敬獻神帽以謝神，合金帽由於非手工製造，可大量製造，靠腐蝕液溶出花紋，可降低成本、工時，售價較低，利潤較好，一時也打開銷售市場，並使合金帽在市面上蔚為風氣。

　　1984年，春福師與人合資開辦公司失敗後，1985～91年沉潛在家期間，開始研發與推廣紙帽，將紙帽做得合宜且精緻典雅，並融入了打金、鑲嵌寶玉「底座」的技藝，深入研究神明金身與帽盔類型，整理出神帽造型的系統脈絡。2000年，因嗅覺發生問題，再回頭專心打造銀帽，每天精益求精，從每一件過往的作品中，尋求進步，永遠追求更好，他確信自己最好的作品尚未出現，須等他倒下那一刻，「最後一件作品，才是最好的作品」。

　　其頂真創作的工藝作品，在2016年獲得臺南市政府登錄為「神明銀帽技術保存者」，為臺灣僅有融會紙質、銅質、銀質三種神帽技術的技藝達人，能提供客戶特殊訂製，打造專有神盔，走出自己的獨特風格。春福師的二個女兒克紹箕裘，最近並依古禮收徒17歲的吳致鋒，為推廣臺灣神明帽盔工藝文化努力不懈。

◆ 玄天上帝的佛帽，合宜精緻。

春福師的作品散見全臺各地，最著名是鹿耳門天后宮鎮殿媽祖，號稱全臺最大的銀製后冠。另如臺南大天后宮二媽紙質后冠、西羅殿鎮殿廣澤尊王的紙質帝帽、南廠保安宮的五王紙質王帽、臺南三山國王廟、彰化南瑤宮八太保、臺北霞海城隍廟、臺北省城隍廟等，皆有其作品。

1 2 3
　4 5

1. 臺灣省城隍廟鎮殿紙帽，郭春福作品。
2. 臺南大天后宮二媽紙帽，郭春福作品。
3. 西羅殿廣澤尊王銀帽，郭春福作品。
4. 彰化南瑤宮八太保紙帽，郭春福作品。
5. 鹿耳門天后宮鎮殿媽祖銀帽，郭春福作品。

■ 南盛銀帽藝術工作室鄭敏榮

　　鄭敏榮（1947～），祖籍歸仁沙崙，下大道出生，後來搬到南廠附近。高中時期即對繪畫有興趣，有段期間是打工畫尪仔冊，幫忙著色。高中畢業後追隨父親鄭森（1925～1995），學習銀帽製作。在父親的時代，一個月能產出二頂帽子就很不錯了，生活只是溫飽而已，敏榮師的個性喜歡與世無爭，人生哲學不喜歡出名，不接受探訪，不喜跟人競爭，所以也沒有敵人，自己可以過得很自在快樂。

　　90年代臺灣經濟起飛後，銀帽市場開始大好，對於銀帽的造型，敏榮師有自己的一套美學觀點，不會遵循傳統的帽體，會用歡喜心加以裝飾改變，讓銀帽更美。他覺得，要製出一頂有美感的銀帽，要靠自己的修心養性才有辦法突破，從自然、順眼、流暢、莊嚴、典雅、優美的角度來發想，也會將銀帽做彩繪處理，加入五彩寶石，整體色彩繽紛亮麗，並最早開發出金銀雙色的銀帽市場，有別於一般單純的銀帽，在臺灣占有一席之地，不用宣傳客人都自己找上門來。

 南盛銀帽藝術工作室
地址：臺南市北區立賢路一段551號
電話：（06）2815369、0932-701589

◆ 南盛銀帽藝術工作室敏榮師。

1	2
3	4
5	6

1. 良皇宮保生大帝銀帽，鄭敏榮作品。
2. 普濟殿池府千歲銀帽，鄭敏榮作品。
3. 九六慶安宮太子爺銀帽，鄭敏榮作品。
4. 西羅殿二鎮銀帽，鄭敏榮作品。
5. 良皇宮謝府元帥銀帽，鄭敏榮作品。
6. 台北大龍峒保安宮保生大帝銀帽，
　 鄭敏榮作品。

■ 第一屆臺灣工藝之家啟豐銀帽

　　啟豐銀帽由林啟豐（1938～2012）所創辦，高雄茄萣人，育有三子，10歲時隨父母遷居臺南開設銀樓，打造金飾。由於生意好時，常有被師傅刁難拿翹之事，父親便希望兒子能夠去拜師學藝。高職畢業後，18歲那年奉父命拜進臺南打金名師林登山門下學藝，出師以後，自營打金業為生。

　　34歲那年，由於國內金飾業景氣不好，為求轉型，發現打銀的神明銀帽有其市場，便自己開始無師自通的鑽研，由於有打金的基礎，靠著拆解、分析、模仿、請教摸索，經過幾年的磨練，辛勤奮鬥，作品工藝精美，也走出自己銀帽的路。由於打造銀帽技藝精湛，2004年更榮獲國立臺灣工藝研究所之第一屆「臺灣工藝之家」，並於2013年獲頒第20屆民俗工藝類薪傳獎，可惜啟豐師已於2012年12月辭世，由其長子林盟修代父領取。

◆ 已故的啟豐師。

　　啟豐師有長子林盟修及次子林盟振傳承衣缽。林盟修（1966～）從小在銀花、銀絲堆中長大，北門農工畢業後、當完兵，父親就要他幫忙家中的銀帽事業，就這樣接下父

◆ 林盟修工作照。

📍 啟豐銀帽（第一屆臺灣工藝之家）
地址：702臺南市南區惠南街84巷18號
電話：（06）2912227

親的棒子。盟修師說：做銀帽是需要有天分跟耐心，需坐得住，也需要專心與細心，至今也已有35年資歷。

銀帽作品遍及臺灣南北各地，北港媽祖廟、新港天后宮、關渡媽祖宮、臺南西羅殿等都可見到。

◆ 各式藝術創作，林盟修作品。

◆ 檳榔籃藝術創作，林盟修作品。

1 | 2 | 3　　1. 玄天上帝銀帽，林盟修作品。　2. 家祀的周倉將軍銀帽，林盟修作品。　3. 林盟修銀帽作品

■ 天冠銀帽工作室蘇啟松、蘇建安兄弟

　　天冠銀帽的創辦人蘇啟松（1958～），從小就對手工藝有濃厚興趣，不喜歡讀書，當時普遍的價值是不會讀書，就要去學一門工夫，因此國中畢業後不再升學，為學一技之長，進入銀樓當學徒，3年4個月出師後，又去學習銀茶壺的打造。

　　1981年，蘇啟松退伍，在父親的支持之下，蘇啟松離開銀樓自行創業，本著學無止境的理念，不斷的精進自己，並運用銀飾的素材進行藝術創作，參加外面的工藝競賽，也屢獲佳績，曾任臺南市銀樓工會第26～27屆理事長。

　　其弟蘇建安（1969～），學的是食品，高職畢業後從事黃金藝品的製造，後來和哥哥所學的銀帽「金銀合璧」，並在1998年，兄弟二人成立天冠銀帽。蘇建安喜歡設計創新，嘗試把金銀細工技巧的柳絲、鏨工、塌工、鏤空鍍金、刮金雙色等技法靈活應用於銀帽工藝創作，讓作品更顯精緻華麗，也結合金銀飾品與生活用品，讓藝術生活化，作品融入時尚，更顯藝術美學。蘇建安並開始參加金工相關比賽，陸續斬獲多項大獎。2006年，天冠銀帽更榮獲「第二屆臺灣工藝之家」；2013年，更代表臺灣赴法國巴黎羅浮宮參展，作品涵蓋傳統神明帽與時尚工藝。復興金如意神明會神像等銀帽，即天冠銀帽作品。

◯ 天冠銀帽工作室
　地址：臺南市文賢路292巷75號
　電話：（06）2582686

◆ 天冠銀帽工作室蘇啟松。

1 2
3
4

1.后冠，天冠銀帽工作室作品。
2.九龍神笁，天冠銀帽工作室作品。
3.王帽，天冠銀帽工作室作品。
4.帝帽，天冠銀帽工作室作品。

製香仙祖媽

■ 九天玄女娘娘

　　九天玄女又稱九天玄女娘娘、九天娘娘，九天母、九天玄母天尊，香鋪稱仙祖媽，也有新興宗教稱為萬神佛之母。

　　由於玄女有教戰黃帝之傳說，授黃帝兵符印劍，協助黃帝制服蚩尤平定四方，為黃帝之師，善兵法與戰術，以替天行道的女神扶持正善的形象出現。所以有戰神、鼓神、兵法神的美稱。九天為中央與八方合為九之說，意指最高之意。屬於中國上古傳說的女神，後為道教所用，成為地位僅次於西王母的先天女神。在中國道教與民間信仰中有相當崇高的地位。

　　九天玄女的起源相當多元，從鳥到人的神話傳說不斷，從漢代以降就有很多古籍如《水滸傳》、《警世通言》、《初刻拍案驚奇》、《上古秘史》、《神魔列國志》、《女仙外史》、《三遂平妖傳》、《薛剛反唐》等書籍流傳，內文都出現過九天玄女的記

◆ 府城香鋪九天玄女。

◆ 鹿港九天玄女製香業祖師爺。

錄。最早記錄玄女的文獻，是天神說，在漢代的《龍魚河圖》書中：「天遣玄女下授黃帝兵信神符」，是上天的使者來授予黃帝兵符。家喻戶曉的《水滸傳》中，描述九天玄女顯靈傳授宋江三卷天書，點化授命宋江是具有替天行道、輔國安民的能力，並助其一臂之力的神仙，宋江因而堅定信心而行，成為梁山領袖。

此外還有「玄鳥」說，《詩經·商頌·玄鳥》記載：「天命玄鳥，降而生商，宅殷土芒芒，古帝命武湯，正域彼四方。」文內所載之玄鳥，說明了其本是人頭鳥身的婦人，後人便將傳聞的玄鳥與九天玄女連結在一起。在宋代《雲笈七籤》便有「九天玄女者，黃帝之師原是聖母元君弟子也」的記載。

另一說則是「香媽」說，玄女娘娘在未成神之前是個孝順的女孩，有次父親生了場重病，無法吃藥，於是玄女娘娘靈機一動，將中藥材磨成粉末，並用糯米粉和水揉在一起弄成條狀曬乾，再用火點燃，用薰香呼吸的方式，讓藥效得以經由呼吸道或皮膚吸收進入父親體內，達到治病的效果，其父重病也因此痊癒，後世的人也學習用中藥薰香治病的原理，來製作禮佛敬神的香品，並將玄女娘娘奉為製香業祖師爺。

■ 九天玄女的形象

在《水滸傳》中對於九天玄女的描述：「頭綰九龍飛鳳髻，身穿金縷絳綃衣。藍田玉帶曳長裙，白玉圭璋擎彩袖。臉如蓮萼，天然眉目映雲環；唇似櫻桃，自在規模端雪體。正大仙容描不就，威嚴形象畫難成。」

左手拿八卦

最常見造型是右手拿佛塵

◆ 靖保府九天玄女，唐興閣黃德勝作品。

◆ 臺北永和盛馨堂香鋪主祀九天玄女，也拜太陽星君。因為香都需要日曬，所以也需要太陽星君的給力幫忙。

臺灣最早的線香鋪：曾振明香鋪

在《臺灣私法／第二章商事／第七》文中，就有道光 28 年（1858）曉諭：記載曾振明香鋪自康熙年間渡臺，即置家室，在郡禾寮港街開張香鋪，配置靈方上料，是以邇邇馳名，卻有人假冒曾振香明店標記，專以低料製造香珠、香線，運往南、北路各埠頭散售，以假亂真，企圖魚目混珠謀取私利。在光緒元年（1875）的臺灣府城街道圖中，就有以曾振明香鋪命名的街道，即今臺南市忠義路二段一帶。頂大道祀典興濟宮內的嘉慶二年（1797）〈重興興濟宮捐題碑記〉，有「舖户曾振明四大元」的捐贈紀錄，其樂善好施的行跡，陸續在大觀音亭、西華堂的捐題碑記內都可見到。

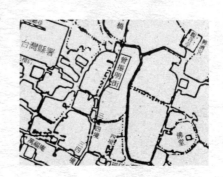

◆ 1875 光緒元年的臺灣府城街道圖，以曾振明香鋪命名的街道

■ 芳義和公約

清末並有臺郡香鋪郊（線香商人）「芳義和」公定章程，與業者約定遵循：

一、定：眾司阜各人在本店做工者，賬項不直，聽其阻擋，不可故違。

一、定：司阜不住本店，賬項未楚，亦不可准倩。俟其清楚，准倩。

一、定：司阜年終至元月初四日開工止，若無侵辛金，准其自由。

一、定：要倩司阜，先問舊頭家。若有賬項清白，聽其准倩。

一、定：司仔出司者，與司阜不直，擅出自住別號，不可准倩。

一、定：證人為憑，此據。

故違條規者，公訂議罰：漢席二筵、官音一檯。

光緒二十五年八月十三日舊曆己亥年七月初九日公議定約

■ 臺南和義堂香鋪仙祖媽爐會

早期的臺南製香業分有二個爐會，一個是頭家爐（香鋪的老闆），一個是師傅爐（製香業的師傅），目前只剩下師傅爐會「和義堂」。和義堂爐會是在戰後1947年，由製香業前輩盧遠棋老師傅所籌備組成，會員從嘉義縣市至屏東縣市的製香師傅都會參加，當時的仙祖媽九天玄女搭配日月童子之神像，是大家共同籌資而造。盧遠棋（1926～1983）曾遠至東港三省堂香鋪傳授製香，所以其傳承的徒子徒孫非常多，製香業興盛時期，仙祖媽生曾有30幾桌的紀錄，目前會員桌至2022年

◆ 盧遠棋之子盧慶得（1950～），傳承給女婿陳世明（左）已三代。

◆ 香爐與九天玄女神像。　　　　　　　　◆ 和義堂香鋪仙祖媽爐會會員聚餐。

　　只剩下4桌，手工的行業後繼無人，今少有年輕人要學習與繼承，製香業逐漸沒落已不可避免，真的不勝唏噓。

　　臺南和義堂香鋪仙祖媽爐會（聖誕千秋日農曆2月15日），設有堂主一位，現為張永毅，管理堂內祭祀活動與行政工作，下設有爐主一位（輪祀仙祖媽），頭家5位，聖誕平安宴當天，會員卜杯，以最多聖杯類推為爐下、頭家。

◆ 2022年爐主永蘭馨香鋪盧啟寬。　　　　◆ 和義堂香鋪仙祖媽爐會堂主張永毅。

■ 吳萬春香鋪

創立於清光緒21年（1895），由先祖高標梅於臺南南廠保安宮附近開設香行，最早的店名為「玉梅香行」，後來因祖父吳森緣過繼吳姓好友，日治時期才將店址遷到今永福路

◆ 吳萬春香鋪已傳至第四代，現任負責人吳宜勉（左）與製香師傅。

祀典武廟前，並由先祖高標梅更名為「吳萬春香行」，2018年遷移到民權路二段現址，現已傳衍到第四代現任負責人吳宜勉（1968～）。

◆ 製香師傅吳博男製作的手工香。

吳萬春香鋪，百年來都遵循古法製作，店裡的香品都是以沉香、檀香為主要原料，再添加多種中藥材料調製而成，堅持道德製香，保證不添加化學香料、石灰粉、助燃劑，全程手工製香，並堅持必須經過日光曝曬乾燥，讓香品接受陽光洗禮，再以手工紅紙包裝以保存香味，這是對傳統的堅持。店內製香師傅吳博男（1945～），從退伍後來店裡服務至今，在店內製香室度過50幾個年頭，每天清晨6點報到，晴天工作與曬香，雨天顧店與包香。

線香主要是由香蕊、具天然黏著劑的楠木樹皮粉、香粉三大原料所構成。香蕊必須挑選軟硬適中、直挺、燃燒完全的桂竹，製香前一天香蕊要先浸泡並曬乾，隔天開始打底，打底是將香蕊浸水後、再沾上楠木樹皮

粉，後用手勁甩動讓香粉能夠沾得更為均勻。隔天再來重複浸水、沾香粉（楠木樹皮粉與香末混合）、展香（掄紙扇狀）動作，3 ～ 6 個循環，讓香枝厚實平順，依香的規格（粗細長短，與燃香時間有關）有所不同，然後染紅色香腳，最後再日曬。吳萬春香鋪百年來堅持手工與天然原料製香，賣的是一份對民俗文化的堅持與信仰的傳承。

◆ 老店新開，產品有傳統也有現代。

📍 吳萬春香鋪
地址：臺南市中西區民權路二段253號
電話：(06) 2256842

製鞋業祖師爺

■ 孫臏祖師

　　臺南市皮鞋業職業工會內奉祀有孫臏真人（祖師爺）、文衡聖帝、馬公爺。孫臏真人為製鞋業的祖師爺。

　　孫臏（約西元前382～前316年），本名為孫伯靈，為戰國時代齊國的著名軍事家、兵法家，著有《孫臏兵法》，又稱《齊孫子》，分上下兩編共三十一篇。「臏」之意為膝蓋骨，臏刑屬於夏商五刑之一，臏刑是古代削去

◆ 臺南市皮鞋業職業工會內，奉祀有孫臏真人（祖師爺）。

膝蓋骨的酷刑，砍去受罰者左腳、右腳或雙腳，使犯人不能站立，在夏朝稱臏，周朝稱刖，秦朝稱斬趾，孫臏就是被龐涓陷害而受臏刑，因此以「臏」為號，臏刑也因為孫臏而有名。

◆ 臺南市皮鞋業祖師聖誕表。

孫臏出生於阿、鄄之間（今山東省陽穀縣阿城鎮、菏澤市鄄城縣北一帶），是孫武的後代。1990年，並發現孫臏之墓址，據傳昔時與龐涓都是鬼谷子王禪老祖的門下學生，善謀略兵法、陣勢作戰，根據敵情和地形定出戰法、配備兵力，因智慧過人遭忌，受龐涓陷害遭受臏刑，在齊國使者幫助之下而投奔齊國，輔佐齊國大將田忌兩次擊敗龐涓，取得桂陵之戰和馬陵之戰的勝利，其身殘志堅的精神，贏得讚賞，奠定其軍師地位與齊國霸業。

唐德宗並將孫臏等歷史上六十四位武功卓著的名將，供奉於武成王廟內，被稱為武成王廟六十四將。宋徽宗時追封孫臏為武清伯，位列宋武廟七十二將之一。

孫臏受臏刑之苦，需跪步行走，為保護被削去髕骨的傷腿，遂發明用獸皮製成過膝的皮靴，這是有史以來第一雙的皮靴，所以被後世的靴匠尊為行業祖師爺，亦有一說其發明獸皮製成皮靴包住膝部。因為帶毛的原皮非常堅硬，必須將皮去毛，使其柔軟，才好裁縫並方便製作，從此也出現了皮革業，亦是皮革業的祖師爺。其他也有豆腐業、泥塑業、燒炭業等共五個行業的祖師爺之說，相當有意思。

孫臏右手持舉之中央戊己
黃色杏黃旗，相傳杏黃旗
是王母娘娘賜予

臺北板橋妙雲宮主祀王禪老
祖，配祀有孫臏仙師

孫臏所騎的
獨角青牛，相傳
是太上老君賜予

孫臏常見是
仙風道骨的道士裝扮

高雄茄萣雲夢仙山，主祀
鬼谷仙師與孫臏祖師

雲夢仙山孫臏祖師，
右有白轅大仙

雲夢仙山孫臏祖師左手拿中央戊己
土杏黃旗，杏黃旗劍旁有八哥鳥

金紙業祖師爺

蔡倫改良造紙技術

◆ 苗栗竹南金紙業主祀蔡倫。臺惠
瑛／照片提供

苗栗縣紙類加工業（金紙業）職業工會主祀蔡倫。金紙業祖師爺蔡倫，聖誕日農曆10月3日。

古時最早的書籍文檔都是用竹簡來做載體書寫，非常笨重又占空間，後來發明了質地細薄的縑帛，但由於費用較昂貴，於是有蔡倫發明利用樹皮、麻頭、破布等原料來造紙，降低了成本，也讓紙開始普及化。漢和帝元興元年（105），

◆ 苗栗竹南手工金紙。陳信宇／照片
提供

皇帝對蔡倫的才能十分讚賞，並將新的造紙技術推廣起來，漢安帝元初元年（114），朝廷封蔡倫為龍亭侯，後人都把紙稱為「蔡侯紙」，對人類文明進步產生了重大影響。由美國天體物理學家麥可‧哈特所著的《影響人類歷史進程的100名人排行榜》中，蔡倫位列第七位。

臺灣的金紙業由於面臨環保問題，已大部分遷往東南亞國家發展，只剩下少部分的廠商還有在生產。

出版印刷業祖師爺

■ 倉頡造字傳說

◆ 臺南善化慶安宮制
字聖人神位牌。

　　倉頡是中國上古傳說中的神話人物，原姓侯岡，名
頡，俗稱倉頡先師、造字聖人、倉頡聖人、制字先師、
制字聖人。傳說生有「雙瞳四目」，也是道教中文字之

◆ 臺南善化慶安宮五文昌與開臺先師沈光文（最左）。

◆ 高雄美濃廣善堂，在文昌帝君旁祀有制字先師倉頡。

神。一般廟宇內相當少見，在文風鼎盛有文昌祠的寺廟則會有供奉，如臺南善化慶安宮、高雄美濃廣善堂文昌殿內就有供奉。

相傳倉頡是黃帝時期的史官，原始象形文字的創造者、官吏制度及姓氏的草創人，發明了文字，又稱倉頡造字，亦可能是漢字的整理者，「倉頡造字」的故事在戰國時期已廣泛流傳。《荀子．解蔽》：「好書者眾矣，而倉頡獨傳者壹也」。現

◆ 高雄美濃廣善堂制字先師倉頡。

代仍受到他的影響，電腦操作也有倉頡輸入法。傳其聖誕日為農曆3月28日。在中國河南省濮陽市梁村鄉吳村並有倉頡陵、倉頡廟和造書台。

士農工商

百工信仰在民間

接地氣的福德正神

■ 財神爺土地公伯仔

　　所謂「有土斯有財」，民間過去對土地公的祭拜，隨農業社會到工商社會的轉變，其神格角色也隨著時代轉變而職變，由農人祭拜的神，而轉化為「財神」，成為各行各業祈求財源廣進、生意興旺而普遍祭拜的神明。

◆ 土地公的造型。

◆ 臺南米街陶製土地公。

◆ 沙縣抱壽體土地公，沙縣工藝著重在於大氣、沉穩，其工藝精美，使用大漆，耐用性高，皮殼不容易脫落。具有古董收藏價值，是收藏家青睞的原因。

每年農曆2月2日、8月15日，是土地公聖誕日，此為古時春祈秋報演變而來。土地公的神職角色，就如同我們居住地的當境里長一般，熱心助人，會幫我們跑腿，其造型也就跟老人長壽、和氣生財、笑口常開、招財進寶、富有的員外形象做了密切的連結。

◆ 屏東車城福安宮福德正神。

◆ 府城金瀛街崇福宮老土地公，是常見的連在一起的木刻鬍鬚。

土地公供品

一般拜土地公，常會準備有花生、麻糬、甜食的點心。因為一般傳統上，老人喜歡甜食的點心，為投其所好，就以甜食類為主要祭拜供品。新竹交通大學的土地公，還有喜拜泰山仙草蜜的風俗。

◆ 新竹交通大學土地公，有喜拜泰山仙草蜜的風俗。

◆ 新竹交通大學福德宮土地公。

■ 土地公的造型特色

◆ 土地公，陳信銘作品。

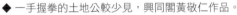
◆ 一手握拳的土地公較少見，興同閣黃敬仁作品。

■ 財神信仰

　　坊間俗諺：「有錢能使鬼推磨」，「有錢不是萬能，沒錢萬萬不能」。所謂「貧窮夫妻百事哀」，從文獻看來，古時就有送窮迎富的財神信仰及活動，人生在世都需要靠賺錢來養家糊口，錢能保障最基本的生活尊嚴，有錢能讓你生活富裕，人們也常以財富來衡量人生的成就，錢財是一體兩面，有錢要能布施，沒錢要有風骨，要怎麼拿捏，是否施比受更福，就看你的人生態度。

◆ 桃園南崁五福宮為桃園市定古蹟，也是臺灣最古老的財神　　　　◆ 桃園南崁五福宮玄壇元帥。
　廟，主祀玄壇元帥。

民間信仰裡，主管財運能賜人錢財的神明，廣義的解釋都可稱為財神，由於財神相當眾多，各有因緣及所好，舉凡福德土地公、虎爺公、比干、范蠡、趙公明、關公、和合仙官、利市仙官，招財仙官等，又區分有文財神、武財神，也有五路財神、八路財神、十路財神等，讓人眼花撩亂，一般稱財神而不確定時，大部分都指向是武財神趙公明，是職司多元的神祇，兼具瘟神、天神、道教護法神及財神等多種不同的複合神格形象及造像。清代學者顧祿《清嘉錄》記載：

三月十五日為玄壇神誕辰，謂神司財，能致人富，故居人多塑像。目前臺灣主祀武財神趙公明的廟宇就有28間之多。

由於近代許多宮廟都不約而同的舉辦祈安禮斗、招財進錢補運法會，強調藉著科儀之神明靈力的加持來補充我們的財庫，達到能招財進寶、生活富裕的美好期盼，顯示常民們求財心切、愛財求富的功利心態。財神的崇拜已成為一種普遍的社會信仰。

◆ 鹿谷金龍山紫天壇五路財神廟五路武財神。

◆ 鹿谷金龍山紫天壇武財神
　趙公明。

◆ 北港武德宮，是主祀五路武財神的廟。

武財神趙公明神像特色

北港武德宮分靈的武財神趙公明，
騎坐於黑虎上

其法像威嚴，紅臉，
圓眼怒目

右手持玉帶
翹起右腳

左手放於左腿上

參考文獻：
劉雅曰，〈財神趙公明玄壇
信仰之研究：以彰化溪洲
武元宮為中心〉，2014年輔
仁大學宗教學系碩士論文。

武財神趙公明

　　北港武德宮是主祀五路武財神的廟，北港保生堂中藥房則為北港武德宮發源地。林俊雄《北港武德宮沿革誌》記載：其祖神於道光年間自山東琅琊天臺山迎請來臺，追溯武財神之歷史背景，乃商周時代山東人氏，商朝呼為「趙公明」，周朝封為「趙大元帥」。三教稱呼「萬靈天尊」，又稱「金龍如意正一龍虎玄壇真君」，世人俗稱武財神爺。鎮守中央戊己土，並掌管天下錢銀。

◆ 北港保生堂中藥房為北港武德宮財神廟的發源地，圖為北港保生堂的神龕。

◆ 北港保生堂中藥房的天官武財神「武冠德財尊」。

◆ 北港保生堂中藥房利市仙官。

◆ 北港保生堂中藥房招財使者。

■ 虎爺公

　　虎爺又稱下壇將軍、黑虎大將、黑虎將軍，常稱為虎爺公。老虎亦稱大蟲，被人稱為百獸之王，為漢人觀念中兇猛的野獸，為勇猛的象徵，除俱有驅邪之能力，也賦予有咬錢、招財的能力，因此信眾也將虎爺視作財神爺。

　　虎（臺語音 hóo）與福（臺語音 hok）臺語發音雷同，虎爺（臺語音 hóo-iâ 諧音有好額人 hó-gia'h-lâng，富翁、有錢人之意），神龕內可看到一小碗盛水內放有錢幣，這即為「錢水」，可向虎爺祈求，以自己的大錢換虎爺前的小錢之方式，將小錢帶回去當錢母，可以錢生錢，也常看到有從事業務的朋友放置自己的名片，其意義皆相同，希望虎爺能保佑工作順利，業績長紅。

◆ 祀典興濟宮的虎爺，及咸豐2年（1852）虎爺香爐。　　◆ 祀典興濟宮的虎爺。

民間廣泛流傳土地公、保生大帝、城隍爺、武財神趙公明、天醫孫真人收伏老虎的傳說，虎爺便常配祀於土地公、保生大帝、武財神其座下，為其腳力。民俗療法中由於相信「虎咬豬」的威力，虎爺遂能治療腮腺炎（小孩子生「豬頭皮」），需先向虎爺祈求後，用黃古紙擦向小孩的耳下與下巴的患部，就能讓病況盡速痊癒。

　　近代由於新港奉天宮的金虎爺信仰興盛，民間信仰相信拜金虎爺會咬錢，會暗中幫忙生財有方，變成好額人，因此更助長虎爺信仰的傳播，奉天宮的虎爺造型寫實新潮，有別於早期純樸可愛的虎爺樣。

◆ 臺南大天后宮虎爺古樸可愛。

◆ 北港朝天宮虎爺。三個區域不同的虎爺造型，皆北港陳明洲作品。

◆ 新港奉天宮虎爺。

◆ 朴子配天宮虎爺。

◆ 新港奉天宮金虎爺造型寫實新潮。

◆ 新港奉天宮虎爺。

媽祖與郊商航海貿易

■ 航海守護神媽祖

俗諺「渡海靠媽祖，安居靠真人」，顯見臺灣民間信仰媽祖為航海守護神由來已久。昔時的航海技術簡陋，臺灣早期移民社會，面對海上的風險，尤需有信仰的慰藉，媽祖救災、助戰、顯佑的靈奕事蹟，宋元以來民間傳誦不息，船運業者常會在船頭供奉媽祖以祈平安；上岸後就在港口河岸地區，選擇面海之地建廟崇祀以報神庥。因此，在臺灣西南沿海港口會普遍建有媽祖廟，如臺南大天后宮、臺南開基天后宮、安平開臺天后宮、北港朝天宮、新港奉天宮、鹿港天后宮、淡水福佑宮、新莊慈祐宮。

◆ 臺南大天后宮正殿媽祖。

◆ 北港朝天宮糖郊媽。提供／黃偉強

1 3
2

1. 鹿港天后宮媽祖。
2. 北港朝天宮媽祖。
3. 淡水福佑宮媽祖廟正殿媽祖。

　　所謂「一府、二鹿、三艋舺」，臺南府城曾是臺灣政治、經濟、文化的中心，從荷蘭時期，經明鄭時期、清領時期都以臺南為首府，再向外發展。康熙22年（1683）為臺灣最早開港的城市，福建廈門與臺南鹿耳門對渡為唯一正口，因兩岸貿易往來，商業蓬勃發達，帶來了原鄉信仰與商業型態，乾隆年間以來，府城的商業同業公會北郊蘇萬利、南郊金永順及糖郊李勝興「三郊」，組成了三大商業貿易組織，在舊城區內（中西區面積6.26平方公里）就有近百間廟宇，與眾多的郊商，密度之高冠於全臺，也將原鄉「同業公會」的制度帶入臺灣，媽祖也常成為行郊的守護神。

◆ 歷史悠久的媽祖、千順老神像。

　　清政府因對西南沿海貿易管制並不嚴格，頻傳有偷渡、走私情形，橫渡「黑水溝」成為一趟十分危險的事，慰藉渡海人心靈的隨船媽祖也相形重要。乾隆49年（1784）起，陸續開放對渡正口，包括鹿港與福建蚶江（1784），以及八里坌與五虎門（1788），隨臺灣西部沿海三個主要港口開放，移民禁令解除，大量移民進入臺灣，由南而北，各地郊商紛紛設立，由於商業貿易互市的開啟，鹿港成為中部城市的代表，鹿港有八郊、鹽水有五郊、艋舺最著名的三郊「泉郊」（又名頂郊）、「北郊」、「廈郊」（又名下郊）；笨港因舟車輻輳，百貨聚集，有小臺灣之稱。各通商口岸處也都紛紛建有媽祖廟。臺南大天后宮咸豐6年（1856）「天后宮捐題重修芳名碑

◆ 臺南媽祖樓龍堵米郊慶豐盈杜泉後裔。

◆ 大天后宮咸豐6年捐題芳名匾。

記」，內記載了相當多臺南三郊、北港三郊、鹽水港等雲嘉南廟宇與郊商的捐題記錄，相當珍貴。

有關乾隆年間以來的郊商紀錄，可參考林玉茹整理的清代臺灣港口的郊商名冊，如下表所示：

港口名稱	行郊名稱	文獻始現時間
烏石港	米郊	1835 年
雞籠港	新義順郊、船郊新義興	1864 年
艋舺	泉廈郊（1813）、泉郊金晉順（1845）、 永和郊（1852）、北郊金萬利、廈郊、港郊、鹿郊	1813 年
新庄	新艋泉廈郊、新艋郊金進順	道光年間
大稻埕	廈郊金同順（1853）、茶郊永和興	1853 年
滬尾	郊	1854 年
竹塹港	塹郊金長和	1819 年
香山港	郊鋪	1860 年
後龍港	郊戶金致和	1870 年
通霄港	郊鋪金和安	1879 年成立
大安港	郊鋪金萬和	1883 年
梧棲港	郊戶楊至器、郊商金萬順	1863 年
塗葛窟港	郊商金協順	1896 年（清末）
鹿港	泉郊金長順、廈郊金振順、糖郊金永興、 籤郊金長益、油郊金洪福、染郊金合興、 南郊金進益	1784 年

笨港	布郊、篏郊、杉郊、貨郊、泉郊、金合順、廈郊金正順、龍江郊金晉順、糖郊金興順、綢郊金義成、北郊、染郊、藥郊	1784年
下湖港	行戶頗多	1838年
鹽水港	糖郊趙相泉、水郊金寶順、油郊金和順、篏郊金順利、布郊	1779年
鹿耳門安平港府城	北郊蘇萬利、南郊金永順、糖郊李勝興、生藥郊、煙郊金合順、藥材郊、絲線郊、茶郊、草花郊、紙郊鍾金玉、篏郊金義利、布郊金錦發、北郊、布郊金慶順、盆郊、芙蓉郊金慶星、綢布郊金義興、香鋪郊芳義和、魚郊、六條行公所、泉廈郊船戶、杉郊、綢緞郊、金鼎郊、金義成	1755年

參考資料：
林玉茹，〈清代臺灣商業貿易的發展：以船戶和郊為中心之討論〉，頁60-62。第二屆新臺灣史研習營授課大綱，嘉義，財團法人吳三連臺灣史料基金會，2001。

◆ 嘉義東石先天宮郊緣媽。

郊的種類：

一、同往一地區的郊：泉郊、廈郊、北郊、南郊。

二、同業商人的郊：油郊、布郊、糖郊、藥郊。

三、專稱某地的郊：塹郊、梧棲郊。

杉郊的故事

■ 臺南興南木材行

　　「杉郊」屬清代經營杉行木材的商人所組成，延續至今則為臺南市木材商業同業公會。早期傳統建築的房子以木構建築為主，需要不少的木材，是杉行業繁榮時期。隨時代改變，鋼筋水泥成為主要建築材料以後，木材需求量逐漸減少，他們的生意也大受影響，只剩販賣木材與製材加工成品。

　　興南木材行是舊市區內碩果僅存的老木材店，創立於1946年，已傳承四代，至今仍參加清道光11年（1831）設立的杉郊長義和天上聖母會。戰後，杉郊重組，當時迎請杉郊媽祖及千里眼、順風耳三尊神明，先在興南公司坐鎮，並於1954年被公推為第一屆爐主，連任第二屆，目前仍持續參與木材商業同業公會，關心會務。

◆ 臺南杉郊長義和天上聖母與千順老照片。

◆ 興南木材行陳家留下的安平造船老照片。

◆ 陳中與佐佐木紀綱在「濱田彌
兵衛柏原太郎左衛門記念之
址」（現安平古堡）前合影。

　　興南木材行第一代為安平「大厝內陳」的陳中（1885 ～ 1951），祖籍福
建莆田縣，俗名粗皮中，當時擁有船隊38艘，為安平擁有碰咚船最多的商
家，經營廈門與南洋之進口貿易，並代理日本辰馬商船運輸，生有七子三
女，已傳承四代，家中留下不少珍貴老照片。

參考資料：
謝啟文編，〈日治時期與光復後安平海頭陳姓家族〉，2008年。
許耿肇、簡辰全等合著《臺南老神明會研究》，臺南市政府文化局，民國102年，頁246-252。

興南木材行
地址：臺南市安平路110號
電話：（06）2501001

◆ 興南木材行作業情形一。

　　位於鹿港中山路89號後段、興化巷64號的興安宮，俗稱「興化媽祖宮」，主祀天上聖母，是鹿港最早的媽祖廟之一。據傳，在清康熙23年（1684）由福建省興化府（為現今福建莆田市）人移民臺灣時，攜帶媽祖香火來臺，於鹿港草仔市一帶興建廟宇。廟名「興安宮」，取其「興化平安」、「興化安寧」之意。興安宮為鹿港鎮的人群廟之一，是興化人遷臺後所興建之廟宇，也是同鄉人祭祀天上聖母與集會的地方，廟內尚存有「聖母公記」、「興安會館」之印章，具有「同鄉會館」的功能，宮內收藏的一張咸豐3年（1853）〈查勘粘世美等店瓦屋基地圖說〉，相當珍貴。

　　興安宮廟旁周遭就是杉行街，各式手工藝品、木器店、棺材店林立，更是鹿港人到龍山寺的主要街道。與清巡臺御史黃叔璥於康熙61年（1722）所著的《臺海使槎錄》記載：「海船多漳、泉商賈。貿易於漳州，則載絲線、漳紗、翦絨、紙料等，泉州則載磁器、紙張，興化則載杉板、

◆ 鹿港興化媽。

◆ 鹿港興安宮內，咸豐2年（1852）興郡弟子敬獻的奠安山海匾額。

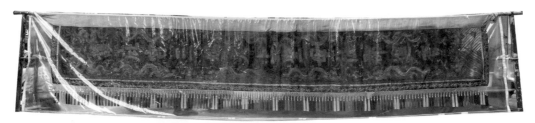

◆ 鹽水「護庇宮三媽天上聖母往郡進香」頭旗。

　　昔時曾留下有「一府、二鹿、三艋舺、四月津」的俗諺，可想見鹽水在當時的商業地位。臺南大天后宮內，咸豐6年（1856）的「天后宮捐題重修芳名碑記」中，就有鹽水港籤郊金順利捐佛銀叁大員的記錄。

　　籤郊是以雜貨（南北貨）貿易為主要事業，販售日常生活、南北雜貨等食用品，如跟耳、柔魚、蝦米、干貝、跟針等，採百斤大件批發計錢，行郊並不會因為是老行業而受到淘汰，昔時籤郊很普遍，清代紀錄就有臺郡籤郊、鹿港籤郊、鹽水籤郊、笨港籤郊。大家因為同業互市且信仰媽祖而交誼起來。

　　2021年，鹽水護庇宮籤郊三媽徒步前往臺南大天后宮百年會香，造成轟動，並出動珍貴的百年「護庇宮三媽天上聖母往郡進香」五爪金龍大北旗，更加確認月港媽祖赴郡的百年歷史。

◆ 2021年，鹽水護庇宮至臺南大天后宮百年會香。

鹽水護庇宮
地址：臺南市鹽水區中正路140號

■ 大稻埕茶郊永和興（臺北市茶商業同業公會）

　　茶郊永和興於清光緒15年（1889）創立時，取名「永和興」，即希望會員能永遠同心和平共濟，和親共益杜絕私利，共謀茶業興隆之意。金協和天上聖母神明會創立於己丑年（光緒15年），這也是茶郊祭拜媽祖之始。話說茶郊成立之初，正當臺灣茶業興起之時，卻發生不肖業者企圖以粗劣茶魚目混珠來博取厚利。據傳，臺灣巡撫劉銘傳為了防止弊端，維護臺灣茶的聲譽，遂下令業者組成茶郊，猶如今日同業公會的團體，根據日本時期的調查，茶郊永和興是烏龍茶商的團體，當時另有一包種茶商的團體即「舖家金協和」。

◆ 茶郊金協和媽祖。

◆ 臺北市茶商商業公會在不同
　時期的名稱轉變。

◆ 金協和天上聖母己丑年置光緒15年（1889）之錫爐。

　　茶商加入茶郊，自有會員間的規範，以〈茶郊永和興規約〉為例，其主
旨為：

　　一、矯正秤量上的狡詐。

　　二、禁止輸入粗劣茶。

　　三、改良製茶與買賣方法。

　　四、仲裁業者間之糾紛並對不法業者
提出訴訟，另外也對製茶職工之疾病死亡
施以救濟。

　　茶郊歷經清朝、日本及民國三個時
代。由於朝代更迭，會名也由最初的「茶
郊永和興」變成「臺北茶商公會」、「同業
組合臺北茶商公會」、「同業組合臺灣茶商

◆ 大正13年，「金協和包種館眾茶商仝
　敬，民國歲次甲子年秋月」繡布。

◆ 臺北茶商公會典藏之日
治時期的涼傘。

◆ 日大正13年（1924），大稻埕慈聖宮
慶成建醮，臺北茶商公會是主醮之木
雕斗燈座。

公會」、「臺灣茶商公會」、「臺灣省茶葉商業同業公會」，以至現在的「臺
北市茶商業同業公會」。

　　會內尚保存了很多珍貴的文物，有日治時期臺北茶商公會涼傘與旗
幟、大正13年大稻埕慈聖宮慶成建醮臺北茶商公會掛三官主醮的木雕斗燈
座、金協和包種館眾茶商仝敬繡布等。

參考資料：
臺北市茶商業同業公會網站 https://www.taipeitea.org.tw/tea/about.php

肉品業、屠宰業

玄天上帝信仰

臺南屠宰業
信奉玄天上帝的由來

■ 下林豬灶的玄天上帝信仰

　　臺南下林社最大的信仰中心是建安宮，主祀有太子爺、媽祖、玄天上帝，日大正11年（1922）於大德街141巷往南一帶設立臺南市區的家畜市場，家畜屠宰場就在其附近。「豬灶」是家畜屠宰場的俗稱（今地址是臺南市南區大德街141巷91、93號、府緯街132號，現錦繡世界大樓），當時豬灶就位於下林建安宮境內，1979年才遷移至安南區和順寮與新建電化屠宰場合併，開始電化屠宰，改稱「肉品市場」。

　　有王進春（1916～1988，道號聖奇道人）為玄壇法師，奉下林建安宮玄天上帝為恩主，並在建安宮擔任玄天上帝之桌頭文案工作，由於神威顯赫，受惠者眾，王進春為配合神明代天宣化，並傳授有小法、手轎、門生等各項

◆ 下林建安宮廟貌。

◆ 下林建安宮正殿。

◆ 下林建安宮開基上帝公與康
趙元帥。

護法人員來幫忙弘法濟世,因為地緣關係,當時的護法弟子、信眾在豬灶從事屠宰業的人很多,也都跟隨恩師信奉玄天上帝,也使得豬灶附近以殺豬、賣豬肉為生的人士,與帝爺公有了信仰連結。後來王進春並在福吉街設立聖興壇(後遷移至北區文成路193號,改名下林聖武宮),主祀北極玄天上帝,並收有12門人(林明玉、陳榮太、戴火明、薛銘中、鄭瑞銘、鄭智強、曾東豐、謝東輝、阿寶、林國文、郭和男、阿靜等)。

1981年,又有學法傳承弟子王福順(又名王璽鈞,與王福順是叔姪關係)創立閭山玄宗門,於小北地區設立廣濟壇(現小北廣濟宮),主祀北極玄天上帝,繼續弘揚師德,並開枝散葉,傳授玄壇弟子百多位,分別有大港寮(忠聖堂)、府緯街(廣聖宮)、大成路田寮(廣靈壇)、塩埕(廣真壇)、喜樹(廣德宮)、喜樹廣惠(建安堂)、灣里(廣平壇)等。

◆ 下林建安宮開基上帝公。

昔時下林豬灶是臺南市區最大的家畜屠宰場,門徒信眾跟隨王進春法師信仰玄天上帝,也讓玄天上帝信仰由道教神、方位神、水神,進而成為臺南屠宰業的守護神。

◆ 下林建安宮開基上
帝公造型為抱壽體。

■ 屠宰業的「祖師爺」玄天上帝

　　臺灣許多屠宰業者都信奉玄天上帝為行業「祖師爺」，玄天上帝為何是屠宰業者的守護神？可能是受到明代余象斗著作《北遊記》的影響，這是一部以道經《玄天上帝啟聖錄》為架構改編的神怪小說，內容受佛教轉世說的影響，敘說玄天上帝其有一世投胎到淨樂國善勝皇后胎中，即淨樂王太子。淨樂王年少讀經有所體悟，於是到武當山修習佛法，師父妙樂天尊見其漸功成，但未去五臟之髒，遂剖腹把肚腸取出放置於岩下，且用石蓋住……。後肚成龜怪，腸成蛇怪，並交代其到凡間，需收此二物為將……。

　　後來再加上佛教屠夫「放下屠刀，立地成佛」的觀點，二相融合，透過戲劇創作的上演及改編，變成了民間普傳的玄天上帝是泉州張姓屠夫之說，並感悟自身殺業深重，抽腸洗肚懺悔己過，放下屠刀，立地成佛，這也是屠宰業奉祀玄天上帝，希冀能得到對殺生原罪的救贖，並庇佑懺悔解脫的心理投射。

　　所以臺灣各地有不少的屠宰業、肉商、市場組成神明會甚至建廟奉祀，奉為守護神，臺北艋舺的玄武宮就是一例，其為肉商同業所共同集資創建。

臺北艋舺玄武宮沿革

玄武宮奉祀上帝公祖近50年，肇始於臺北市萬華區肉商同業共同集資，購買現址所創建，由董事長林榮昌及董監事等善男信女們，再共同出資重新改造，將上帝公祖及眾神重新安座於一樓，於2006年10月25日舉行安座大典，祈求風調雨順、國泰民安。

◆ 臺北艋舺玄武宮。

◆ 臺北艋舺玄武宮主祀玄天上帝，右手持七星劍。

■ 玄天上帝真武信仰造像

　　宋初皇帝崇信道教，起因於受到北方契丹威脅，皇室虔誠奉祀真武以祈求護國安民，舉行大規模的齋醮祈禳活動，推動了真武信仰的發展，其祠廟遍布天下，其形象特徵來自於宋、元道經的描述，是將其形象走向人格化的一個重要時期。

　　宋代道教經典《太上說玄天大聖真武本傳神咒妙經注》載：

　　　　真武，真者正也，武者神也。本號玄武，避宋朝廟諱，改賜曰真武。

　　元代趙孟頫（1254～1322）《啟聖嘉慶圖序》：

　　　　玄武者，龜蛇也。青龍、白虎、朱雀，皆一物，而玄武獨二物。不謂之龜蛇，而謂之玄武者，玄之為色，赤而黑，龜蛇則然。有鱗甲，武之象也，玄武之神始降。宋真宗時，為祠遍天下。

　　可知真武原名玄武，因避諱而改名真武，源於原始的星宿崇拜與動物崇拜的人格化。玄武是由龜、蛇合抱而來的瑞獸，隨著玄武信仰納入道教體系以及唐代「北帝法」的盛行，玄武與天蓬、天猷、翊聖合列為北極紫微大帝駕前四大元帥，其神格地位也由初期的「四象」星神系統，轉變為具象的人格化道教護法神。

　　四象即東方蒼龍、西方白虎、南方朱雀、北方玄武。「二十八宿」即二十八個星座：

東方蒼龍七宿：角、亢、氐、房、心、尾、箕。

西方白虎七宿：奎、婁、胃、昴、畢、觜、參。

南方朱雀七宿：井、鬼、柳、星、張、翼、軫。

北方玄武七宿：斗、牛、女、虛、危、室、壁。

元代武當山清微派道士劉道明（1291）編撰的《武當福地總真集》，內文載有關真武的形象描述：

> 身長九尺，面如滿月，龍眉鳳目，紺髮美髯，顏如冰清，
>
> 披松蘿之服，散髮跣足，凝真養性四十二年，成無上道。

元代道教經典塑造之真武形象，在文中已具體描述出真武的形體樣貌，相貌莊嚴的一面，有別於宋代道經中的純武神形象。到了明太祖朱元璋（1328～1398），將真武視為助其開國登基之護佑神明，而後的明成祖朱棣（1360～1424）發動「靖難之役」奪位成功後，為鞏固政權，將真武塑造成神威顯赫的明代皇室守護神，在其極力尊崇之下，大修武當宮觀，全國各地大興土木修建真武祠廟，明成祖朱棣親撰之〈御制大岳太和山道宮之碑〉碑文載：

> 天啓我國家隆盛之基，朕皇考太祖高皇帝以一旅定天下，
>
> 神陰翊顯佑，靈明赫奕。肆朕起義兵，靖內亂，
>
> 神輔相左右，風行霆擊，其迹甚著。

也讓真武信仰在明代走向全國化的興盛期，現在民間玄天上帝的造像，也都會參考相關文獻所描述的披髮跣足、皂袍金甲、足躡龜蛇等外形特徵，做為造像的依據。

◆ 新化玄武堂收藏之木雕玄天上帝。

參考文獻：
林孟毅，〈木雕真武造像與斷代：以臺南新化玄武堂藏品為例〉，「2017年文化與區域研究學術研討會：臺南人文與環境」，臺南大學文化與自然資源學系主辦。

■ 木雕玄天上帝外形特徵源流與時代特色

　　臺灣玄天上帝木雕造像收藏家林孟毅，在其〈木雕真武造像與斷代以臺南新化玄武堂藏品為例〉文中，曾談到玄天上帝造型特徵與時代特色，由於收藏家個人有大量的收藏與研究，對於造像的「斷代」判斷，除神像「裝臟孔」內命書有明確的紀載年代外，多半是憑藉肉眼與科學儀器對本體木質風化、漆彩舊化程度，表層「包漿」若干特徵與文獻考查來探討。林孟毅並歸納以下幾個特徵可做斷代認定的參考，且必須綜合多樣的分析結果，才能做出準確的推斷。

◆ 臺灣玄天上帝木雕造像收藏家林孟毅。

　　一、「皮殼」，即是造像的表層，民間粧佛店稱皮面、外皮，基本上明、清兩代的彩繪以礦彩居多。

　　二、「髮型」，一般是分辨明、清真武造像最直接也最易於辨識的時代特徵之一，由於宋、元道教經典中所描述的真武皆為「披髮」形象，清順治三年（1645）清政府施行「剃髮令」，強制漢人剃髮易服，這個針對漢民百姓的規定，同樣體現在木雕造像上，因此，清代真武造像之髮形特徵，逐漸由「披髮」過渡至「剃髮」，因此清代中期以後的真武造像額頭明顯較高，有別於明代長髮自然平整後梳特徵，而清代造像之髮線，通常刻繪於「頭頂」位置。

◆ 新化玄武堂的木雕玄天上帝收藏。

◆ 明代玄帝武神披髮之髮型，從髮際線往後。

◆ 新化玄武堂收藏眾多之木雕玄天上帝，其中「披髮跣足」與「變神訣」都是觀察重點。

　　三、「玄武」，是真武造像中最重要唯一的特徵，真武作為明代全國信仰主流，其以「披髮跣足」與「變神訣」[1]所構成的特殊外形為主要的參考依據。

明清時期玄武（龜、蛇）造像的對應與位置

年代	玄武的對應特徵	所處位置
明代初期	龜、蛇交纏，昂首相視	雙足之間或造像之前
明代中、晚期	龜、蛇出現分型	真武之足下
清代以後		真武之足下

---

1. 變神訣，以小指從四指背入，用中指勾定，再以大指掐中指中節，直二指。從胸前來到面上。

■ 圖解明代玄帝武神造型

　　相貌端正並有中鬚長垂，是典型的漢人面相，與道經《玄天上帝啓聖錄》中所形容之「面如滿月、龍眉鳳目、紺髮美髯、顏如冰清」等特徵大多雷同。

武神造型，身披飄帶，右腿斜翹

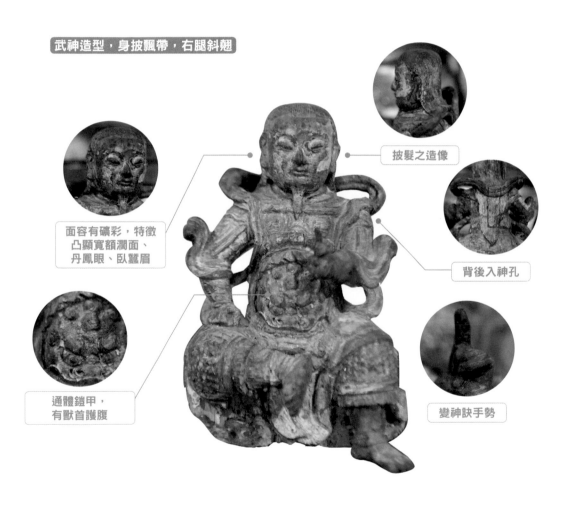

披髮之造像

面容有礦彩，特徵凸顯寬額濶面、丹鳳眼、臥蠶眉

背後入神孔

通體鎧甲，有獸首護腹

變神訣手勢

　　玄天上帝以「披髮跣足」與「變神訣」所構成的特殊外形為主要的參考依據。其稱為卷書椅的座椅，是漳州的漳浦地區的工藝特色，但不能代表全部的漳州工法。

玄天上帝造像，身穿文武袍甲

左手掐變神訣

屏風椅左右前端伸出龍頭

右手持七星劍

雙足分踏龜、蛇

此座椅稱為卷書椅，也稱屏風椅

屏風椅雕有紋飾，左右前座並有童子騎獸扛椅，相當細緻。

唐興閣黃德勝作品鑑賞

● 玄天上帝，黃德勝作品

民間玄天上帝的造像，現今都會參考相關
文獻所描述的披髮跣足、皂袍金甲、足躡
龜蛇等外形特徵，做為造像的依據。

玄天上帝臉部莊嚴
的神情與法指特寫

右手拿七星劍

玄天上帝法指特寫

玄武相親

玄天上帝作品

① 從粗坯比例形體開始。

② 粗坯雛形完成。

③ 開面。

道祖太上老君側照

④ 開面進行中。

⑤ 開面完成。

⑥ 上細坯的黃土底。

⑦ 上道袍的粉線紋飾。

道祖太上老君作品完成

天真可愛的臉部

上穿肚兜，下穿素褲，
有腳環

右手高舉火尖槍，左手
持乾坤圈，戴有手環

幼童太子爺作品

◆ 崇福宮二鎮玄天上帝，西佛國作品。

◆ 集福宮二帝，黃炎輝作品。（1948年）。

◆ 福安堂天上帝，人樂軒作品。

◆ 三老爺宮開基玄天上帝。

◆ 集福宮玄天上帝，金唐閣陳世偉作品。

◆ 下營玄天大上帝。

◆ 仁德中洲玄天宮玄天上帝，曾應飛作品。

◆ 玄天上帝，陳信銘作品。

◆ 玄天上帝左手持劍，佛萊國黃瑞祥作品。

求子業

生子護嬰的祈求

生育的保護神

■ 授子神明系統

俗語說「不孝有三，無後為大」，自古以來，傳宗接代、延續香火就是傳統女性必須擔負生育的責任與工作，傳統的社會更存有重男輕女的觀念，早期醫藥科學不發達的年代，結婚久了尚未生育，就會有「求子」的需求，會向有授子神職的神明祈求能早生貴子、傳衍後代。

一般廟宇會有女性職司授子的神明，如：註生娘娘、順天聖母臨水夫人、觀音佛祖、七娘媽、妙應仙妃等，亦也有求子保童的男性神明張仙大帝，都相同有求子的職能。

◆ 臺南開基武廟臺灣鸞堂系統的關聖帝君旁，都會配祀有張仙大帝與王天君。

◆ 臺南臨水夫人廟正殿三奶夫人。陳世偉整修。

　　臺南臨水夫人廟主祀臨水夫人媽陳靖姑及林紗娘、李三娘等三夫人，右配祀註生娘娘、左為花公、花婆，並祀有三十六尊婆姐，悉為女神。就像現代的婦幼醫院，這間醫院從求子、調養身體、生子、順產、坐月子到照顧孩子，通通都能幫你包辦到底。

註生娘娘

　　註生娘娘主掌婦女的生男或育女大權，神像造型常見是端坐於椅上，右手執筆，左手拿生育簿，生育簿裏記載著每一位婦女該生的幾個子女，早期社會是婦女們要求得子嗣必拜的神明。註生娘娘之源由出自明代小說《封神榜》，封三仙島的雲霄、瓊霄、碧霄職掌混元金斗，金斗即產盆之意，舉凡人出生均先從金斗轉劫。

到了現代，婦女有不孕症的問題，則要看生
殖醫學科與試管嬰兒的醫師，他們猶如現代的註
生娘娘。

■ 順天聖母

順天聖母臨水夫人陳靖姑，傳因懷胎祈雨護
境，救民苦難，捨身取義而成神，其神職是專門
救產、護胎、佑民的「婦女兒童保護神」。婦女懷
孕後，會來祈求臨水夫人能庇佑順利生產，及生
產後，並來祈求婆姐能護佑幼童能健康平安長大。

◆ 臨水夫人廟註生娘娘。

臨水夫人媽的造像，常見軟身神像，以柳眉細目、櫻桃小嘴，以溫柔
悲憫的眼神來表現其救苦救難的精神，也有武裝打扮，右手高舉七星寶
劍，左手提角鼓於胸前，腳踏火輪，呈現行罡作法的法師角色。

◆ 臨水夫人以武裝
打扮，行罡作法
的法師角色。

1. 臨水夫人廟花
公、花婆。
2. 祭花叢關煞會
有花公花婆、
鋤童箕童,還
會有白花、紅
花、病蟲等。

■ 花公、花婆

　　相傳在靈界陰府有個百花園,男人是樹欉、女人是花欉,每個人自己
的元神宮是一株本命樹,花樹枝葉的茂盛與否,攸關個人運勢的好壞與身
體的健康。白花代表生男,紅花代表生女,花園內有花公、花婆,是花園
的管理守護者者,祂們的職責是專門看管照料花欉,種花欉養花蕊,其下
面也有園丁鋤童、箕童,是花樹的照顧工,負責鬆土、澆水、施肥、除蟲
害等工作,花長的好不好,就看花公、花婆是否能盡心盡力的照料。

■ 觀音送子

　　「家家彌陀佛,戶戶觀世音」,觀音信仰是國人最普遍的民間信仰之
一,觀音的稱呼很多,有觀世音菩薩、觀音佛祖、南海佛祖、觀音大士等。
　　《妙法蓮華經》:「若有無量百千萬億眾生,受諸苦惱,聞是觀世音菩
薩,一心稱名,觀世音菩薩即時觀其音聲,皆得解脫。」由於觀音的悲心
廣大,世間眾生只要有任何祈求,若能一心稱念觀世音菩薩聖號,菩薩即
時尋聲救苦,普獲大眾的愛戴。〈普門品〉:「若有女人,設欲求男,禮拜

◆ 大士殿送子觀音。　　　◆ 送子觀音，黃德勝作品。

供養觀世音菩薩，便生福德智慧之男，設欲求女，便生端正有相之女，宿植德本，眾人愛敬。」想求子許願觀世音，即能如願求得男女孩。

　　觀音的形象是隨信眾的祈求需要，來應化不同的化身，送子觀音是古時最迫切親近的需求，一律為女性形象，盤坐並懷抱男童，面露親切慈愛的神情。

■ 張仙大帝

　　有關送子的神明在南方多為註生娘娘，北方則以張仙大帝為多。

　　在臺灣鸞堂系統的關聖帝君旁，都會配祀有張仙大帝與王天君，如臺南開基武廟的前殿即是。《關聖帝君明聖真經》內載張仙大帝隸屬文昌左宮，職掌送子，蔭護閨房產難，少見有男性神明的職司同

◆ 臺南南天府張仙大帝。

女性神明的註生娘娘送子與順天聖母護產守護孩童平安的神職。道教稱桂宮廣應善利育嗣賜子真君。

後來由於四川送子之神張仙，因花蕊夫人假借畫像行思念之實，後竟被宋太祖封為「郎君大仙」並享春秋兩祭。因此讓孟府郎君與張仙大帝的信仰相互融和在一起。

現代向樂神郎君爺求子逐漸式微，主要是郎君子弟覺得手持金彈子則寓「善彈奏」較重要，訛音的「誕子」（求子）並不是音樂人的需要。

◆ 南聲社孟府郎君。

◆ 祭拜郎君爺的彈珠寓意「善彈奏」。

張仙大帝造像

常為站姿，神像都一手拿著弓箭，一手拿一個金彈子。

祀典武廟六和堂張仙大帝特寫

手持一顆金彈子

◆ 祀典武廟六和堂張仙大帝。魏俊邦作品。

臺灣第一聖寢坐床求孕

　　廣澤尊王與妙應仙妃是神界的模範夫妻，還訛傳生有十三個太保（實際上是分靈十三處形成），組成了一個龐大神界家族，讓人覺得有生產力豐盛的聯想，希望透過其神力的加持，能夠多子多孫多福氣，不孕的婦女也能盡快受孕，在福建南安詩山鳳山寺後殿就先設有聖寢，供信眾能坐床加持，此風俗後來也傳回臺灣，在臺南學甲聖和宮與高雄紅毛港飛鳳殿都設有聖寢，屢聞有助孕成功的案例，頗有威名。

　　高雄紅毛港飛鳳殿右側有「臺灣第一聖寢」，這是廣澤尊王與妻子妙應仙妃的眠床，不僅是金碧輝煌的眠床、相傳聖王公與妙應仙妃感情恩愛，助孕相當靈驗，只要在臺灣第一聖寢前擲杯許願，虔誠祈求擲有聖杯，即能坐在聖寢讓其神光加持，就會有好事發生。

◆ 高雄紅毛港飛鳳殿臺灣第一聖寢。

◆ 高雄紅毛港飛鳳殿臺灣第一聖寢，可供信眾坐床求孕。

◆ 福建南安詩山鳳山寺後殿聖寢。

📍 學甲聖和宮
地址：臺南市學甲區一秀里9鄰89號

📍 高雄紅毛港飛鳳殿（主祀廣澤尊王）
地址：高雄市鳳山區紅毛港路27號

護嬰之神

■ 兒童保護神太子爺

　　說到兒童小朋友的保護神，都會想到祂本身也是個孩童，可以與其同理心，較好溝通，有點可愛又有一點調皮，兇起來又有一點威嚴，太子爺正是不二選擇，成為台灣最有名的兒童守護神。

　　有關太子爺的造型想像，大部分都受到《三教源流搜神大全》、《西遊記》、《封神演義》等書的影響，加上臺灣民間信仰裡，因其掌管五營，統帥宮廟五營神兵的中壇，又稱為中壇元帥、哪吒太子、哪吒三太子，民間簡稱「太子爺」。

1 | 2

1. 太子爺，曾應飛作品。
2. 栩栩如生的太子爺，黃德勝作品。

◆ 金華府太子爺，西佛國
作品。

此外加上匠師自己的想像，常塑造成一個天真無邪、可愛活潑、驍勇善戰的少年英雄。

在臺南傳統的泉州派匠師常見以冬瓜頭、手持火尖槍、乾坤圈，腳踏風火輪等定型化的造型來表現。

到了福州派就見到頭頂束冠、栽髮、雙手上下展開的動態表現。

到了臺南本土的金芳閣之閣派風格，就朝向符合人體比例的神像造型，有酒窩、有肥嫩之感來展現其嬰孩特質，並重視神像皮面的彩繪，形成多種不同的詮釋面向發展。

◆ 安平文朱殿太子爺傳統造型。

◆ 西羅殿太子爺，人樂軒福州體，天地手雙臂展開。

◆ 南廠福安堂，人樂軒福州體太子爺，喜栽有頭髮。

◆ 黃德勝藝師的文武甲太子爺。 ◆ 泥塑武甲太子爺，杜牧河作品。 ◆ 穿肚兜幼童的太子爺，手腳肢節顯現出其嬰兒的肥嫩特色，黃德勝作品。

■ 齊天大聖

　　齊天大聖在臺灣民間尊稱為大聖王、大聖爺、猴齊天、美猴王孫悟空、孫行者。民間受到中國古典四大名著《西遊記》小說的影響，齊天大聖的故事不斷的被改編成戲劇與電影、電視劇、卡通漫畫而流傳。由於孫悟空大鬧天宮精彩章節的影響，讓會七十二變的美猴王具

◆ 齊天大聖造型。

◆ 齊天大聖常以誇張的肢體來表現其動態。

1 | 2
  | 3

1. 萬福庵正殿。 2. 萬福庵入火安座，齊天大聖乩身腳踏天公爐，展現其桀敖不馴的個性。
3. 大聖爺乩身公壇濟世之情形。

有嫉惡如仇、勇敢聰明，神通廣大無邊的神性，成為正義使者的化身，能專門剋制妖魔鬼怪。

　　在臺南萬福庵，由於有齊天大聖的代言人，以開壇濟世來為社會服務，常見家長帶著小孩來萬福庵請大聖爺指點迷津，是屬於婦嬰兒童的保護神。民俗上會「以猴治猴，猴王治猴囡仔（音讀 kâu-gín-á）」，常有囡仔著猴（音讀 tioh-kâu），小孩難飼養或驚嚇到，都會來請大聖爺幫忙收驚，希望能夠好養育。

◆ 齊天大聖，廈門蔡氏漆線雕。

250

府城萬福庵是全臺奉祀齊天大聖最早的開基廟，居住於台南的德國人，為了「練猴拳」而來拜大聖爺，希望能得到他的感應，且也粧了一尊大聖爺，其造型有別於其他大聖爺像，姿勢像打棒球一般氣勢非凡，相當搶眼，寄放在廟內，傳為美談。

齊天大聖降駕乩身時，生性活潑，不受拘束，常會有做體操、玩板凳、爬樹取榕樹葉當藥引等動作，常吸引媒體的採訪。祭改不用 12 生肖的本命是其特色，而是取用「猴靈樹王公」的榕樹葉加持成為法寶，也常被加持成為「藥引」，為大聖爺幫助信徒消災解厄的妙方。

◆ 德國人的齊天大聖像打棒球般的姿勢。

◆ 公壇濟世的社會服務。

◆ 榕樹葉加持成為「藥引」。

神職、道士業

先民驅除病疫的解方

道士業的祖師爺

道教門派起源

　　道教是源自中國的宗教，濫觴於黃帝，闡明於老子，立教於張道陵，所以尊黃帝為始祖，老子為道祖，張道陵為教祖，是謂道教三祖。並以張陵為「祖天師」，其子張衡為「嗣師」，其孫張魯為「系師」，曰「三師」，規定初信教者，需捐五斗米，也稱五斗米道。

　　道教目前分為兩大派，即正一派和全真派。正一派有茅山、靈寶、清微、淨明等諸派之分，臺灣的道士俗稱天師派，習慣上，天師派也稱為正一派。

◆ 普照道壇吳耀男道長家，中堂有道祖畫像，並祀有道祖張天師、玄天上帝等。

◆ 府城嚴家人和街道壇，中堂有張天師畫像，奉祀有道祖等神明。

◆ 府城施家施坤元興老道壇，中堂三星拱照福祿壽，奉祀有道祖觀音、土地公、保生大帝等。

道教正一派分有三山四大宗壇，分別是：

龍虎山萬法宗壇（原稱正一玄壇）；

茅山上清宗壇（江蘇省句容市）；

閣皂山靈寶宗壇（江西省樟樹市）；

西山淨明宗壇（江西省南昌市）：分有閭山、法主、三奶、普庵。

全真道三大祖庭：北京白雲觀、山西永樂宮、西安重陽宮。

府城的道壇主要的營業項目為道教科儀、醮事、齋事，民間濟生度死的相關齋醮科儀。

道廟都會奉祀三清道祖，一般道士家都會奉祀道祖老子、教祖張陵或合祀道教相關神明。

◆ 臺南天壇三清道祖。

◆ 三清道祖，黃德勝作品。王儒龍收藏。

■ 張天師

張天師，又稱廣信府張府天師、天師爺、天師公、正一真人、正一真君、三天扶教輔元大法師、顯佑真君等尊稱。

張天師一詞，一般是泛指張陵（34～156年），初名陵，後名道陵，字輔漢，東漢人，是道教的創始者，為第一代天師，為區分又稱祖天師，受封正乙真人靖應真君，在江西龍虎山設廣信府，授傳正一盟威道法，其傳人為其親族子孫所世襲，後代傳人皆稱為「天師」，至今已傳有64代。也有某些道教流派，將張道陵、葛玄、許遜、薩守堅視為四大天師。

◆ 開基玉皇宮張府天師，西佛國作品。

◆ 普照道壇吳耀男道長家的張天師，陳世偉作品。

◆ 安平道壇王德和道長家的張府天師。

■ 祖天師張陵神像特色

雙手捧奏版於右前，眼神直視，鬼神怕，代表正法當前

濃眉、睭眼、大鼻，嘴巴下沉，面帶嚴肅，代表正義無私

天師頭上有「道冠」，道冠上插「仰」。

身穿絳衣

◆ 天壇張府天師。

　　道教始祖太清道德天尊，為老子，一般認為姓李名耳，字伯陽，著有《道德經》，別稱太上老君、太上道祖、李老君。

　　據傳為老子化身，手拿一把有陰陽鏡的扇子，象徵由太極分化出的陰陽兩儀。掌管太清仙境及九仙諸神。

◆ 太上老君，金唐閣陳世偉作品。

道祖太上老君，李易承作品

道祖雙手掐道指，右手上舉陰陽日月扇

面相飽滿，耳垂厚實，頭戴道冠

身穿道袍

道祖，唐興閣黃德勝作品

道祖盤坐，雙手抱拳於腰前做抱元守一之勢，相當少見

■ 太乙真人

太乙救苦天尊，又稱救苦天尊、青玄上帝，居於東極青華宮，誓願救渡眾生，故名救苦，是東極清華大帝的化身。造型為右手持佛塵，左手持蓮花如意，為尋聲救苦化號為「十方靈寶救苦天尊」可化身為十方天尊、十殿冥王度濟鬼魂。

◆ 天壇太乙真人。

是由古代東皇泰壹「太乙」、東王公漸漸演化而成，為濟度人鬼的十方救苦天尊。救度群生，故受到人們的廣泛信仰和崇拜。

太乙救苦天尊化身三界，在人間救度世間苦，在地獄能薦拔地獄亡魂，在天上則居東方淨土，具有佛教阿彌陀佛地藏菩薩三位神祇合一的神格。太乙救苦天尊是專門拯救世間受苦者和不幸墮入地獄幽魂的天神，留有道經《太乙救苦護身妙經》，存思默念可免除各種苦腦。

■ 太乙真人神像特色

造型為右手持佛塵

左手持水盂

足躡蓮花

騎九頭青獅

◆ 太乙救苦天尊坐九頭師，台中蔡才豐作品。

雷聲普化天尊

◆ 玉皇宮普
化天尊金
面三眼。

九天應元雷聲普化天尊，雷部乃道教道法神系之天庭屬部，由九天應元雷聲普化天尊執掌，世稱雷祖，為雷部最高神。職能：主天之災福，持物之權衡，掌物掌人，司生司殺，專懲惡人。據《道藏》記載，九天應元雷聲普化天尊係神霄玉清真王南極長生大帝之化生。居於九天之上，玉清天中，綜司五雷，應化九天。

◆ 開基玉皇宮普化天尊。

雷部是一個團隊，分有一府、兩院、三司、五雷，所主不同，所部亦別，故奉道弟子當知其治府，方能申牒祈請，運雷施法。所謂五雷既明，當知雷府所部。既明所部，有請立應。

◆ 天壇普化天尊。

《封神演義》中以封聞太師為雷聲普化天尊，率領雷部24位護法天君，職掌興雲布雨，長養萬物之責。有道經《九天應元雷聲普化天尊玉樞寶經》流傳至今，教導人修練元神與消災解厄之法，「玉樞」是天庭執掌雷霆賞善罰惡之機構。

太乙救苦天尊與雷聲普化天尊為玉帝的左右侍神，代表玉帝「恩」「威」並濟，賞善罰惡的勸世警惕。

■ 神尊造型特徵

九天應元雷聲普化天尊執掌雷部，代表賞善罰惡。三眼代表看徹三界，洞察分明。武將裝扮代表武力與正義。右手持鞭代表代天主持正義，懲處擊殺惡人。

為金面三眼

武將裝扮

左手持鞭

右手拿
五雷令

◆ 普照道壇雷聲普化天尊，陳信銘作品。

◆ 臺南玉皇玉聖宮。

■ 王靈天君

王天君，又稱王靈官、靈官王元帥、隆恩真君、豁落靈官王天君、豁落火車王靈官、玉樞火府天將等，為道教護法三十六天君之首，進入道教的宮觀，山門內的第一座殿往往為靈官殿，是道教鎮守山門之護法神，角色如同佛教的護法神韋馱一般，為著名的雷神、火神，降魔之神，職掌收瘟攝毒，救人於生死之間。有求必應為道教諸多護法神中最受崇奉者之一。

扶鸞的信眾則時常稱之為王恩主，與關帝君、呂祖師、岳鄂王、張灶君、合稱為「五恩主」。

明清時期的《神仙傳》載：王靈官原名王惡，奉玉帝之命為湘陰城隍（今江蘇淮陰），以懲四方惡業，第30代天師虛靖真人的弟子薩守堅見其血

食太甚遂焚其廟，王遂上奏天庭糾察其功過，隨薩真人雲遊四方12年，12年間薩真人竟無過錯可歸咎，遂拜其為師做其徒弟，真人乃劈乾卦取「王」為其姓，又以「善」為其名。改王惡為王善，並奏告天庭，後師徒兩人同列仙班，錄為雷部三五火車雷公，又稱豁落靈官。亦有一說，王靈官是宋徽宗時的王善，或云是唐太宗時的王惡。

相傳明成祖永樂皇帝篤信王靈官，每次出征必帶天君神像隨行，以為軍中保護神。因永樂帝信仰王天君，也影響了王天君的信仰遍及天下道教的宮觀，尤以福建福州于山天君殿香火鼎盛，冠全城各神廟，是福州人的重要信仰之一，臺北廬山軒佛店林祿官（福州人）並奉王天君為行業守護神。

◆ 天壇王靈天君神像特色。

◆ 天壇王靈天君神像，神像臉部特寫。

◆ 中國福州于山天君殿。吳明勳／照片提供

■ 王靈天君神像特色

王靈官原係玉樞火神，其神像特色紅臉三目，在其額間多一目，能觀天下大事，呈憤怒像，象徵嫉惡如仇、猛烈無私，右手高舉金鞭，勇猛正義、都天糾察，左手持法指火焰，象徵光明三界剛正不阿。

陰曆6月15日，為王靈天君聖誕。

◆ 台南市豁落院仁慈堂，主祀先天豁落靈官王天君。

■ 律令大神

律令大神在民間是屬少見的神明，「如律令」本漢代公文用語，後成為道士或巫師符咒的末尾用語，相傳「律令」是周穆王時的一個人名，此人善跑，速度很快，死後成為雷部正神。《土風錄》：「令，音伶，律令，雷部神名，善走，用之欲其速。」《三教搜神大全》：「雷部有神名曰捷鬼，善走，與雷相疾速。」《警世通言》「旌陽宮鐵樹鎮妖」：「又飛符一道，差那律令大神，逕到雷神處投下。」

中國古代兒童的啟蒙讀物《幼學瓊林》書內載：「雷部至捷之鬼曰律令。」

府城吳耀男道長常會施行法術書符召役鬼神，以趨吉避凶，降妖鎮魔。符是道士們做法

◆ 萬福庵王靈天君。

事時溝通神靈的一種媒介，寫在紙上（或其它媒介）的一些神秘符號或文字。最後都會加個「神兵火急如律令」結尾助語詞，表示十萬火急，同法律命令一樣請火速辦理，如太上老君「急急如律令」，這時就是需要速度快捷的律令大神幫忙傳送，所以就特地粧塑神像供奉以助法力。

陳世偉王靈天君作品

特徵紅臉三眼

右手高舉金鞭

左手持法指火焰

◆ 普照道壇王靈天君，陳世偉作品。

複合了雷部大神九天焱火律令大神炎帝鄧天君的傳說造型，特色如下：

紅眉紅髮，代表十萬火急

頭頂雙角崢嶸，炎帝的造型是雙角崢嶸，代表能力出眾

青臉三眼，青臉鬼面，三眼代表通透三界

律令大神側面。右手比法指，法指代表法力

武甲赤腳。武甲代表動力，赤腳代表行走快速

◆ 普照道壇律令大神。

律令大神背面。左手拿寶劍，寶劍代表旨令。

民間除疫之神

■ 五福大帝

　　五福大帝，又稱為五靈公、五位靈公、五部靈公、五方瘟神等不同名稱，分別是顯靈公張元伯、應靈公鍾士秀、宣靈公劉元達、揚靈公史文業、振靈公趙光明等五位靈公。一般常會跟簡稱五帝的五顯大帝（華光大帝）搞混。

$\frac{1}{2}$

1. 白龍庵主祀五福大帝。
2. 西來庵主祀五福大帝。

代天巡狩出任務

■ 王爺信仰

　　臺灣的王爺信仰是一個相當龐雜多元的系統，常見有「代天巡狩」的任務，源自中國封建時代的官僚制度，意乃代天子巡行視察所管轄的疆土，轉化到民間信仰的神明位階體系，帝國主義已瓦解百年，仍在臺灣民間宗教反覆實踐與信奉。

　　據研究者洪瑩發的〈代天巡狩：臺灣王爺信仰文化資產〉研究論述，對於王爺的分類大約有以下五種類型：

一、瘟（360位或36位進士說、阻止瘟疫者）；

二、歷史人物（鄭成功父子、其他歷史人物）；

三、近代有功成神（功在社會、家族、廟宇）；

四、陰神升格；

五、其他（自然神、器物神、戲神）。

◆ 臺南保西宮正殿，有嘉慶年款代天府石香爐。

◆ 臺南東門大人廟奉祀朱府千歲，有鄭成功父子之說。

◆ 東港迎王平安祭典。

◆ 南鯤鯓代天府內殿五府千歲。

◆ 馬鳴山鎮安宮五年千歲。馬鳴山鎮安宮／提供。

　　在其2016年的臺灣王爺廟普查結果，王爺廟主要分布在中南部，數量占三分之二以上，且以臺南市最多。瘟神可視為是王爺的「本相」，是王爺信仰的起源，從瘟神透過「代天巡狩」神格的改造，從行瘟與解瘟之神到萬能之神，在臺南有王爺總廟之稱的南鯤鯓代天府，主祀代天巡狩的（李、池、吳、朱、范）五府千歲；在雲林馬鳴山鎮安宮則是臺灣五年千歲的信仰中心，主祀有代天巡狩五年千歲十二王爺。此外，西港刈香、東港迎王平安祭典，均已登錄為中央重要民俗文化資產。

參考文獻：
洪瑩發，〈代天巡狩：臺灣王爺信仰文化資產〉，收錄《華南地區歷史、民俗與非遺》。
洪瑩發，〈王巡四境：臺灣迎請「代天巡狩」儀式芻論〉，《文化資產保存學刊》，第32期，頁80-115。

五福大帝最早的原型是由五瘟鬼開始，出現在
魏晉時期《女青鬼律》卷九中記載：

東方青炁鬼王姓劉名元達，領萬鬼行惡風之病。
南方赤炁鬼王姓張名元伯，領萬鬼行熱毒之病。
西方白炁鬼王姓趙名公明，領萬鬼行注炁之病。
北方黑炁鬼王姓鍾名士季，領萬鬼行惡毒霍
亂、心腹絞痛之病。
中央黃炁鬼王姓史名文業，領萬鬼行惡瘡癰腫
之病。
右五方鬼主。諸欲著名生錄為種民者，按此文書隨病呼之，知領
鬼姓名病即差矣。人人各寫一通繫身，讀之令罹災害皆消。

◆ 西來庵軟身開基劉主公
紅頭髮綁辮子，並盤髮
起來。

其職能也隨著時代變遷發生變化，從剛開始的五瘟鬼
王是負責執行「行瘟」的懲罰任務，後經向其祈求後，再
給予「解瘟」的救贖，具有行瘟與解瘟的雙重神力。

五福大帝的信仰在府城的發展分為二大系統，
白龍庵（原位於臺灣總鎮衙署之右屬官方祭祀）與
西來庵（原位於臺南亭仔腳街屬民間祭祀），從
日治初期《臺灣日日新報》的報導中得知，當時
五福大帝信仰在府城是相當盛行，白龍庵與西
來庵兩庵互爭出迎，每年舊曆的六月皆有驅瘟
逐疫出海之風俗，稱為「迎老爺」。一到此
時，是男婦老幼披枷帶鎖，奉帚跪香逐
隊而行，舉國若狂，盛況非常。

◆ 西來庵鎮殿劉主公，西佛國1951年
作品。

◆ 西來庵軟身開基劉主公。

◆ 西來庵二鎮劉主公，人樂軒
1971年作品。

　　有關五福大帝的神像造型，筆者也親至福州有奉祀五靈公寺庵考察，
發現兩岸五靈公神像以軟身居多，但五部臉部造型皆有明顯的差異，如附
圖的分析，應避免以自身的信仰為唯一中心。一般民間信仰的傳播有其傳
說故事與脈絡，發展的過程一定會有差異，唯一最大的相同是中尊顯靈公
張部為三眼紅鬚，其餘都不一樣，有尖嘴、有獸面、威武相等。

臺南與福州五福大帝五部靈公的神像比較

振靈公趙部	宣靈公劉部	顯靈公張部	應靈公鍾部	揚靈公史部
臺南西來庵	臺南西來庵	臺南西來庵	臺南西來庵	臺南西來庵
福州三帝行台	福州三帝行台	福州三帝行台	福州三帝行台	福州三帝行台
福州復初庵	福州復初庵	福州復初庵	福州復初庵	福州復初庵
福州白龍庵	福州白龍庵	福州白龍庵	福州白龍庵	福州白龍庵
臺南白龍庵	臺南白龍庵	臺南白龍庵	臺南白龍庵	臺南白龍庵

臺南西港佳里系統王府
行儀祖師爺

■ 五相王爵爺

　　王府行儀，顧名思義就是王府實行的崇拜禮儀。五相王爵爺，俗名王李慶（1870 ～ 1957，王李是複姓），是目前西港慶安宮與佳里金唐殿正案王李子峯的祖父，日治時期是西港庄南海埔人士，幼承家學，精通漢學，於西港街上經營日用雜貨品、吳服業，中年經商致富並為納稅模範獲得表揚，待人和善，曾擔任保正、西港庄協議會員、庄區總代等職務，並擔任臺南西港慶安宮第一任管理，深諳王醮祭典中的王府行儀，曾於西港刈香王府擔任副案一職多年，關心醮事科儀，於1946年將王府科儀與相關事項內容，做了有系統的整理，編輯成《西港慶安宮醮事錄》一書，成為王府行儀的典範。

　　王李慶去世前兩年，高雄市鹽埕區沙多宮神明指示來西港尋找一位「白鬚公」協助其廟建醮事宜，輾轉找到王李慶，王李慶便前往幫忙，在王李慶過世前夕，沙多宮五府千歲突降乩指示，告知王李家人說：王李慶為文曲星轉世，於今已功德圓滿，並已獲玉旨賜神號「五

◆ 臺南西港慶安宮2021辛丑年王醮科儀，穿白色長衫、頭戴魯笠為王府行儀人員。

◆ 五相王爵爺王李慶。

相王爵爺」為「王府首相」，可先雕造其神像，待往生後再行開光點眼大典，受世人朝拜。現今，五相王爵爺神尊則由王李家族後代子孫以爐主方式輪祀。

　　王李家族從王李慶至其子第二代王李森烈（1909 ～ 1992）、第三代王李有志（1929 ～ 2016）、王李子峯（1945 ～，現西港慶安宮顧問與香科正案）；至第四代王李中泰（1964 ～，現西港慶安宮祭祀組長），都將王府行儀當成是虔誠的志業，為代天巡狩的千歲爺服侍，從基層的書辦做起，歷經內傳喧、副案、正

◆ 五相王爵爺王李慶。

五相王爵爺王李慶（1870 ～ 1957），生於同治 9 年 11 月 13 日亥時，生前榮膺王府首相

五相王爵爺神像背後有註記「完神職於民國 46 年 11 月 2 日申時」

1. 臺南西港慶安宮2021辛丑年王醮正案王李子峯、副案王李中泰、總書辦劉鳳群,身穿長衫馬袷。吳明勳／照片提供
2. 穿白色長衫、頭戴魯笠為王府行儀人員。
3. 2022年壬寅年千歲爺祝壽慶典圓滿成功全體合照。照片提供／王李子峯

案。正案、副案顧名思義為王府大殿內案桌的主管人物,職責為安排、執行王府的科儀行程,包括參拜神明及人員的進退時間、禮儀規範,若以現代的職稱則類似千歲爺的祕書之工作。

　　王李家族並不藏私,傳習許多有興趣王府行儀的後進,王府行儀世代相傳至今已有百餘年歷史,傳授正信正道的禮儀規範,以莊嚴王府,教導行儀要莊重,不可繁文縟節,場面要肅穆,嚴忌吵雜零亂,讓每科的醮典圓滿,神人皆大歡喜,讓崇神祭祖的珍貴文化資產得以延續與保存。

參考文獻:
丁仁傑,〈靈驗的顯現:由象徵結構到社會結盟,一個關於漢人民間信仰文化邏輯的理論性初探〉,臺灣社會學刊,49期: 47-101,2012。
王李子峯 王李中泰主編,《西港玉敕慶安宮‧王府行儀》,西港玉敕慶安宮管理委員會,2019。

各姓祖佛

石家祖先彥明公

　　石家祖先神像（石彥明公）是前臺南市文
獻委員、臺南歷史館長石暘睢（1898～1964）
留給後代石允忠（1925～2019），再傳給其四
子石堯天所供奉，是石暘睢所留下的石家祖
先神像，其神龕後面留貼一紙「尚書兵部公像
誌」，畫有「陝西石公尚書像」並註明時公年
66歲，讓我們了解其石家祖源是來自陝西。

◆〈尚書兵部彥明公像誌〉。

　　中正大學中文系楊玉君教授幫忙轉譯其內容如下：

　　　石公身形中等，臉部呈淡紫色，臉型方正且豐滿。眉毛如同
臥蠶般，眼睛一大一小，左眼比較小與右眼有差別。鼻子大的如
垂掛的豬膽，耳朵位置偏高而看起來很長，且耳型輪廓分明。下
巴有兩顆痣，臉頰下方處有相連的五叢鬍鬚，長度有七吋多。兩
個手掌為深紅色，在一片血色中有道斷痕貫穿手掌兩端。身高七
尺五寸，樣貌莊嚴端正，坐下時，如山峰高聳般持重，行走時，
如老虎緩行般魁梧。聲音宏亮可比黃鐘，談吐俱是金玉良言，他
的德行及文才，在當時無人能敵；他被彈劾後，貶謫到陝西，在
那裡剷除奸惡的官員、抑止蠻橫的權貴、興建學校、推行教育，

◆〈尚書兵部彥明公像誌〉。

吸引各地學者聚集與此。爾後卸下官職，陝西的人民為他設立石碑、記錄他的恩德，建立祠堂頌揚他的功績：「石公容貌端正嚴肅，行為舉止符合禮樂且自在從容，人們蒙受著石公的德澤，在他德行感化下的仁義之鄉安居樂業。他為了弱勢募款，救濟受饑荒之苦的鄉民，功績都銘刻在石碑上。被彈劾而遭貶謫去陝西這件事，對他又能造成什麼傷害？他的德行會永存於學校的香火之中，一直延續下去。」

石暘睢石家祖先神像

石暘睢家所留下的
石家祖先神像

■ 邱姓蕭雍夫人

蕭雍夫人是福建漳州龍溪臺南邱姓同鄉家族17人所供奉的祖佛，一般家族的祖佛常見以男姓為主，邱家卻奉祀蕭雍夫人，其是邱姓家族歷代祖先之一，還是一位夫人，非一般廟宇所供奉的神明，是相當特殊的案例。

◆ 蕭雍夫人神像。

蕭雍夫人神明會第一任管理人是邱天賜（1888～1952），是日治時期家喻戶曉、相當知名的和洋雜貨商店「金同成」的創辦人，其處世待人以誠、勤儉睦鄰、受人愛戴，曾連任「和洋雜貨組合長」

◆ 金同成三層頂下桌神明廳。

◆ 1955年潘春源畫像。

◆ 昭和11年（1936），邱天賜次子邱金泉結婚盛況。日治時期可見汽車靠左行駛。

◆ 戰後的金同成樓房，右上是邱天賜。

三任。在昭和15年（1940）現西門路二段建造有20棟三樓層的大樓，曾遭轟炸燒毀，戰後1949年再改建完成，屬日治後期、戰後初期的富厚之家。

金同成邱家祖籍為福建省漳州府龍溪縣之十一都鎮南社渡頭人，邱家開漳始祖從邱安道公開始，原籍來自河南省光州固始縣浮光山人，追隨陳政、陳元光父子開闢漳州，當時大姓有24家，邱姓為其中之一。唐高宗時官封「保義校尉將軍」之職，敕封「竭忠輔國昭德將軍」，從祀陳元光廟庭，後留駐閩南，肇基繁衍。傳至十六世邱鴻衍公遷居於馬麓鎮鎮南社東為鎮南始祖，邱鴻衍公生有二子邱轍、邱聞（1163～1242），皆中進士，邱家一門雙進士，以德行文學著稱於世，卻無意於仕途，高風亮節。鎮南二世祖為邱轍公，22歲中進士，朱熹任福建漳州知府時稱其學廣行篤，妻為魏氏，諡肅雍，肅雍夫人就是邱轍公的夫人。

■ 郭姓祖佛：榴陽王三聖始祖

　　郭姓為臺灣地區第十四大姓，且有特別集中在今臺南市及高雄市。南臺灣一帶的郭姓宗族成立了世界郭氏宗親總會，他們供奉的三尊神像稱為「三聖祖佛」，民間則稱為三聖始祖，分別是榴陽王十二使祖、庇佑十二使祖平獠的「三元真君」及襄助平獠有功的博學之士「李老先生」，到今年

◆ 庇佑十二使祖平獠的
　「三元真君」。

◆ 襄助平獠有功的博學
　之士「李老先生」。

◆ 榴陽王三聖始祖在高雄茄萣建有公館。

◆ 榴陽王十二使祖老祖。

2022年已有1381年歷史。神明是注重倫理的，非常尊師重道，所以我們看到神位的排序中尊是「三元真君」，龍邊才是「榴陽王十二使祖」。榴陽王十二使祖屬於遊牧式的信仰，每年在吃祖佛酒之日，透過擲筊產生爐主，因此榴陽王十二使祖代天巡狩，四處巡走於郭姓宗親家，庇佑萬民，在高雄茄萣並建有寺廟型的公館。

◆ 神明位階注重倫理，非常尊師重道，可看到神位的排序中尊是「三元真君」，龍邊才是「榴陽王十二使祖」。

榴陽王十二使祖本名郭魚，諱淑、字里之、號覽溪，即是榴陽始祖，為南臺灣眾多郭氏宗親的郭氏始祖，更是郭氏裔孫口中所稱的老祖公、老祖、聖祖。生於唐太宗貞觀十五年（641-713），祖系河南省固始縣人，家學淵博，聰慧、才智出眾而晉任，29歲時即參與入閩平獠亂，文武兼施、恩威並濟，復得三元真君及李老先生之襄助，終獲敕平蠻獠，開闢漳州，以柳營江（今九龍江）為策源地，卜居漳州龍溪二十八都之埭（今海州龍海市角美鎮流傳村），郭埭有榴山，埭在山之南而稱榴陽，因之為榴陽始祖。

◆ 王三聖始祖，2021年位於土城行館「吃祖佛酒、拜老祖公」活動。

「榴陽王郭氏宗親祭祖大典」已登錄為無形文化資產的市定民俗，臺南市議會郭信良議長為土城郭岑寮人，以11個聖杯，榮膺2021年榴陽王三聖始祖1380年值年爐主，榴陽王十二使祖後裔郭姓族人相約在榴陽王佛誕辰日（農曆十月初一）吃祖佛酒，席開500桌平安宴，「吃祖佛酒、拜老祖公」成為郭氏宗親一年一度的凝聚宗親、相聚聯誼的大型民俗活動。

◆ 榴陽王三聖始祖，2021年位於土城行館內的祭祀現場。

音樂戲曲界、武館業

梨園子弟祭祀的戲神

戲神與傳統戲曲行業

■ 戲神上身，熱鬧登場

戲神是從事戲曲行業的演職人員所供奉的神明，是行業神的一種。

用來保佑自己和本行業利益，讓經常居無定所漂泊無依的戲曲藝人，藉由行業神的崇拜，得到其神靈的庇佑，得以安身立命的一種心理寄託。

◆ 南廠保安宮田都將爺。

元代詩人趙明道在其【越調】鬥鵪鶉詞牌之散曲〈名姬〉中寫道：「樂府梨園，先賢老郎，上殿伶倫，前輩色長。承應俳優，後進教坊。有伎倆，盡誇張。燕趙馳名，京師作場。」文中指的「老郎」應即唐明皇。

明代大戲劇家湯顯祖在〈宜黃縣戲神清源師廟記〉中言：「予聞清源，西川灌口神也。為人美好，以遊戲而得道，流此教於人間。」文中所指「西川灌口神」則是戲神的代表。

清代大戲劇家李漁（1610～1680）在《比目魚》一劇中就講到：「凡有一教，就有一教的宗主。」乃奉「二郎神」為梨園祖師。但是，明清這兩位大戲劇家湯顯祖與李漁所講的「灌口二郎神」，卻沒有指名是那位，線索相當模糊，也造成了後代的各自引述與解讀，分別有李冰父子說或趙昱說。

◆ 陣頭表演。

「唐明皇的老郎說」與「灌口的二郎說」也成為中國早期戲神的兩個主要分支。[1]

　　清代以來，臺灣民間信仰的宮廟興盛，由於歲時節慶與神明聖誕酬神演戲的慶祝活動，帶動了地方戲曲的蓬勃發展，康熙年間主要以梨園戲為主，而乾隆年間由於在社會規約中，有「演戲申禁」、「違禁罰戲」等形式的規定，也帶動多樣戲曲的加入，那時已有「崑曲」的加入，嘉慶、道光年間的亂彈戲、皮影戲、傀儡戲也廣受地方民眾的喜愛，京劇於臺灣建省之後，由劉銘傳請京劇班來臺演出，而傳入臺灣，至清代晚期，梨園戲、亂彈戲、崑曲、京劇、高甲戲、四平戲、車鼓戲、採茶戲、傀儡戲、掌中戲、皮影戲等，已經熱鬧滾滾的登上了臺灣戲曲舞臺，宗教酬神，神人同樂，豐富了臺灣人民的社會生活。日治時期，更有北管軒社子弟班的盛大演出，及後來加入的歌仔戲引領風騷，為臺灣劇團走向另一條光明大道。[2]

◆ 普濟殿田都元帥。

◆ 傀儡戲的田都元帥。

◆ 臺北延樂軒北管劇團表演。

1. 張勇風，〈戲曲藝人戲神崇祀及禁忌文化析微〉，戲劇研究第 6 期，2010.7。
2. 張啟豐，〈清代臺灣戲曲活動與發展研究〉2004 年成功大學中國文學系博士論文。

■ 臺南宮廟之音樂社團

有關臺南府城地區的音樂社團在日昭和16年（1941），陳保宗在《民俗臺灣》雜誌月刊中發表的〈臺南的音樂〉[3]就詳載了臺南市內宮廟的音樂社團如下：

◆ 慈蔭亭紫竹社在昭和2年（1927）粧塑的神將。

（1）正音

是唱正板北京音的管樂，日治時代臺南市內有很多這種樂團。

甲：鏞鏘社──普濟殿，福住町。

乙：紫竹社──佛祖廟仔，本町三丁目。

丙：廣安社──米街，本四。

丁：和樂社──開仙宮，本町。

戊：汾陽社──南勢街西羅殿。

己：喜麟社──西市場。

◆ 臺南和樂社老旗幟重現廟會現場。

◆ 和樂社紀念旗，大正14年（1925）。

◆ 廣安平劇社。

3.《民俗臺灣》雜誌月刊第三輯，金関丈夫（1943～1945），武陵出版社1999年，P44。

（2）北管

不是唱得很正板，將亂彈調的樂團俗稱為北管。亂彈是北京音轉化的音。「正音」在都市較多，「北管」多在鄉下，不過到了日治時代鄉下也漸漸有正音了。臺南市內當時也有北管的樂團。

　　庚：遏雲社──小媽祖。

（3）歌仔

歌仔是在臺灣北部發達起來的，記得作者在臺北唸書的時候，曾在迎城隍的祭禮中常看到這一類樂團。嗣後有人把它採用為所謂「後棚樂」，也就是戲劇音樂，大概從一九二五年左右開始，它流傳至南部，在日治時代的國風劇場，以前的大舞臺，丹桂社均把它用以表演，後來流傳於全臺灣而成為流行歌曲了。

臺北的歌仔劇團，將兩支橫笛排列在最前面（或許作者記錯了）有點像太平歌的形態，但臺南市內的這一種樂團，其構成卻有點類似北管的樂團，換句話說是由大鼓（通鼓）、迷你鼓（滴鼓仔）所併成的吵鬧樂團。

　　甲：同意社──七娘境、本町一丁目。
　　乙：正和軒──岳帝廟、高砂町。
　　丙：昭和社──七娘境、本一。

筆者近來再調查的資料，日治時期尚有以下社團：

南管振聲社乾隆58年（1793年）在府城三郊支持下創館，曾先後移駐於臺南水仙宮、普濟殿、祀典武廟。

◆ 普濟殿鏞鏘社老照片。　　　　　　　　　　◆ 南聲社於水門宮祀樂。

南管南聲社於日大正4年創立（1915）。

南廠保安宮的興南社（歌仔戲．日大正15年創立）。

大銃街元和宮鳳鳴社（屬南管太平歌日大正12年創立）。

檨仔林朝興宮四方社（歌仔戲 昭和18年 1943）[4]。

大人廟北管詠霓軒[5]。

開基玉皇宮：玉熙社（北管）[6]。

　　二次大戰結束，日本撤出臺灣，國民政府來臺接管，人們歷經戰亂，更能感恩惜福，且感謝神明的庇佑，農業時代沒有什麼娛樂，僅閒暇時投入廟宇活動，廟宇的北管、南管、歌仔戲等社團也如雨後春筍般成立。

---

4. 張玉燕，《臺南府城廟宇歷史探源：檨仔林朝興宮／保和宮》（臺北市：巨流，初版2010.03），頁58-60。

5. 臺灣日日新報大正10年1921.05.10 第六版 第7518號「赤崁特訊 ‧ 全無價值 向來迎神請鑼鼓。只享以茶煙點心及酒席而已。本年迎鎮南媽。則有要求金錢者。如菜有會之什音。被雇於清水寺得金百六十圓。並貼長衫料三十圓。計百九十圓。又大人廟北管詠霓軒。受某商團聘請議照常享以煙茶點心酒席。被小媽祖街北管遏雲軒。笑其不能？高聲價。詠霓軒反辭某商團。隨岡山岩佛祖駕前。點心一切自備而遏雲軒分兩軒。一被雇於雜貨團。得金二百二十圓。一被雇於口商團。得金二百九十圓。共五百一十金云」。

6. 採訪吳文雄，管委會有紀錄玉熙社約光緒十三年（1887）成立；於民國60年解散。

廟是街民信眾心靈寄託的信仰中心，配合神明壽誕定期舉辦各種儀式祭典和慶祝活動，信眾在這裡拜拜祭祀，進而聯絡感情、交流訊息，閒暇之餘在這裡學習民俗曲藝或宗教科儀，一來為神明服務，二來成立社團祀神並自娛娛神，也是同鄉、同行、同好聚會交誼的好地方，廟方提供了一個公共空間讓民眾共同來參與，並相互往來支援寺廟之間的祭祀與廟會活動，也因為人際關係與社團間的互動，讓各地廟宇的交陪境逐漸變多，整個交誼圈擴展開來。

　　戰後，府城廟宇圈成立之社團已知分別有：

南廠保安宮有適意社（北管）。

西羅殿有紹汾社（南管）、和興社（平劇）。

良皇宮有雅成社（平劇）。

元和宮有振樂社（平劇）、慶南社（歌仔戲）。

總趕宮有天臺社（平劇）。

興濟宮的興樂社（平劇）。

昆沙宮有復興社（歌仔戲）。

總祿境下土地廟：崇安社。

鎮轅境頂土地廟：總爺社、醒聲社。

西來庵：民新社（歌仔戲）、意誠社（平劇）、西真社。

神興宮：同鳴社（歌仔戲）。

金安宮：崇聖社（北管）。

集福宮：紫雲社（北管）。

金華府：金聲社（南管）。

海安宮：同聲南樂社（南管）。

玄明保安宮：玄安社（北管）。

天和宮：新聲社（歌仔戲）。

三老爺宮：和雅軒的（北管）。

義天文衡殿：廣平社（北管）。

田調也得知，每劇種的祖師爺各有不同。北管樂團的祖師爺以田都元帥、翼宿星君為主；南管樂團的祖師爺以孟府郎君為主；南管太平歌天子門生以鄭元和為主；歌仔戲團的祖師爺以田都元帥為主；亦有以廟方的主神為主，沒有特地拜祖師爺的。

■ 西秦王爺

西秦王爺又稱「老郎君」，相傳即是唐玄宗（685～762）李隆基，俗稱唐明皇。是唐睿宗李旦第三子，故又稱李三郎，是唐朝在位最長的皇帝，多才多藝，創建書院，由於唐明皇是個文藝全才的皇帝，善音律樂曲，梨園是他登基的第二年所成立，梨園是挑選當代技藝高超的樂工、舞伎而成立訓練演出與教習法曲的樂舞機構。唐玄宗喜愛音樂，會作曲、編劇、伴舞、打鼓，每每親力親為並參與其中，在此地教演藝人，聞名於世，在中國戲曲史上占有重要地位，所以被奉為戲曲之神。

《新唐書・禮樂志》載：「玄宗既知音律，又酷愛法曲，選坐部伎子弟三百人，教於梨園。聲有誤者，帝必覺而正之，號皇帝梨園弟子。」法曲的表演形式是有歌有舞亦有器樂演奏，與太常寺的正統雅樂和教坊的胡俗樂舞有明顯的不同。

梨園，原是唐代都城長安的西內苑種梨之園，因教樂府關係而稱為梨園。昔時可謂中國第一座集音樂、舞蹈、戲曲的皇家藝術學院，後人就將戲班、劇團等戲曲藝術表演者，與「梨園」連結在一起，成為藝術組織和藝人的代名詞。稱戲曲演員為「梨園子弟」，世代從事戲曲表演藝術的家庭稱為「梨園世家」。

梨園戲在康熙時期已傳入臺灣，在康熙36年（1697）來臺採硫的郁永河，在其〈臺灣竹枝詞〉中記載到當時臺南大天后宮前看到子弟還願敬演梨園戲的場景：

> 媽祖宮前鑼鼓鬧，肩披鬖髮耳垂璫，粉面紅唇似女郎；馬祖宮前鑼鼓鬧，侏離唱出下南腔。（梨園子弟，垂髻穿耳，傅粉施朱，儼然女子。土人稱天妃神曰馬祖，稱廟曰宮；天妃廟近赤崁城，海舶多於此演戲還願。閩以漳泉二郡為下南，下南腔亦閩中聲律之一種也。）

◆ 臺南義天廣平社軟身西秦王爺。

西秦王爺的神龕上面會刻有武英殿的字樣。西秦王爺的生日是農曆6月24日，與關聖帝君、雷神同一天生日。

因傳說中唐明皇曾經被蛇精所害，所以戲班人是不能直接說「蛇」這個字，要叫「溜公」（臺語）。而且只要是拜西秦王爺的布袋戲班、歌仔戲班幾乎不演《白蛇傳》，因為裡面有蛇。

◆ 臺南義天廣平社西秦王爺，黃德勝作品。　　　　　　　◆ 臺南義天廣平社西秦王爺。

　　西秦王爺在臺灣的信仰大致可分三類，戲神廟是純粹戲班在祀奉的廟宇；子弟館廟則是原本是子弟館，後來變成地方廟宇的；地方公廟或角頭廟就是在地的地方神廟。戲神廟有臺北西秦古廟；子弟館廟則有瑞芳瑞龍宮（瑞樂社）、同安宮（同樂社）、集福宮（集福社）、福安宮（福安社）、蘇澳復安社宮（復安社）等；公廟或角頭廟有新北金山武英殿、彰化王田天和宮、聖安宮、旗津清音宮、屏東佳冬金龍宮等等。

　　臺灣拜西秦王爺最盛的地方算是彰化，當地北管子弟團梨春園還被文化部文化資產局指定為北管音樂的保存者，並得到文資局的補助，將曲館的音樂復振。在西秦王爺聖誕時，除了排場賀壽曲目〈醉八仙〉外，還恢復了三獻禮並於最後還演出弟子戲。

◆ 臺南興帝會玄真社　　◆ 臺北共樂軒西秦王爺。
　西秦王爺。

■ 彰化梨春園

　　彰化大媽館梨春園，為文獻上紀錄現存臺灣最老的北管曲館，也是現存彰化市最古老的北館樂團。相傳梨春園成立於嘉慶16年（1811），由北管樂師楊應求創立。梨春園亦為南瑤宮老大媽會的駕前曲館，所以梨春園又稱「大媽館」。

◆ 彰化大媽館梨春園。

◆ 館內有二個神明會。

　　彰化有四大曲館：分別是北門繹如齋、南門梨春園、東門集樂軒以及西門月華閣，人稱「彰化四大館」，如今尚存梨春園和集樂軒兩館。館內還有兩個神明會，分別是天上聖母與與蘇府王爺神明會，農曆6月24日為該館的開館紀念日，現為國家重要的傳統藝術保存團體。

臺北市靈安社

　　臺北市保存最久的軒社稻江靈安社，內奉祀有稻江城隍爺與西秦王爺。社內謝范將軍老祖至今（2022），已有152年的歷史，是歷史最悠久的神將。

◆ 臺北稻江靈安社。

◆ 臺北靈安社西秦王爺。

◆ 臺北靈安社范將軍（左）、謝將軍（右）老祖，已152年歷史。

「梨春園」名稱源自「梨園」，話說唐明皇風流文雅，以歌舞為樂，並設立「梨園」為一龐大皇家樂團，作曲、排演極盛一時，故後世稱戲劇界為「梨園」。

而梨春園所在土地，相傳為不知名人士所捐贈，約近三百坪，附近較早都是魚池與水田。曲館裡的人為感念這位地基主，於現今梨春園後面巷中建造一間小廟奉祀他，因不知地基主確切姓名，大家簡稱該座廟為「地基主廟」。

◆ 梨春園將軍府狗頭盔稱「幼毛」。

◆ 彰化大媽館梨春園西秦王爺。　　　　　◆ 梨春園開基西秦老王爺。

北港集雅軒

北港集雅軒北管樂團創建於清咸豐3年（1853），由古笨港蔡及、陳貞、吳石等12人，為參加笨港媽祖繞境活動而發起組成，是北港最古老的「樂團」之一。早期屬北管子弟戲團，軒內存有一上百年純手工刺繡大旗，及多本戲曲曲譜文物，保存良好。

1. 北港集雅軒會館。
2. 集雅軒西秦王爺神位。
3. 集雅軒西秦王爺神將。

會館是傳統二落的木造建築，於1949年買下，本來面臨蕃簽市古街，但博愛路拓寬拆去其中一落，目前以第一落背面作為門面，前段作為練習場所。會館供奉西秦王爺，左邊奉祀先輩神主牌位。

登錄為古物的北港集雅軒西秦王爺

北港集雅軒西秦王爺為泥塑神像，2015年被雲林縣政府登錄為古物，製作於清末時期，造型簡樸，可見證當時神像之造型雕法。

集雅軒未設館時，為過爐鎮宅神像，1950年設館後，則為鎮館神像。神像為泥塑坐姿脫椅，右手持寶左手按膝、文袍裁鬚、招線莽袍、安金礦彩。

1｜2

1. 集雅軒先賢。
2. 集雅軒開基西秦王爺泥塑神像，已被指定為古物。

◆ 高雄下茄萣金鑾宮田都府田都元帥，早期用紅紙　　◆ 台北永和明虛實掌中團，林
　　寫上「神明如在其上」。　　　　　　　　　　　　　　　添盛藝師家的田都元帥掛
　　　　　　　　　　　　　　　　　　　　　　　　　　　　像。

■ 田都元帥

　　田都元帥又名為「田公」、「相公爺」、「田元帥」、「田公元帥」、「田府元帥」、「三田都元帥」、「相公爺」、「宋江爺」、「風火院田元帥」、「田老爺」，為音樂之神、地方神、道壇神，也具有驅邪逐疫的神職，是戲曲音樂業的祖師爺與宋江陣的保護神，戲班人員都稱其為老爺。在謝國興的研究，臺灣主祀田都元帥的廟宇共有47座（不包括金門和馬祖地區）。除了臺灣之外，其信仰主要分布於中國東南省分（福建、廣東、浙江、江西）。

　　田都元帥是何方神聖有多個版本，一說是姓田，其有三位兄弟，如明代《三教源流搜神大全》「風火院田元帥」條載：帥兄弟三人，長兄田苟留，二兄田洪義，帥田智彪。義父諱鐍；母姓刁，諱春喜，乃太平國土人氏。唐玄宗善音律，開元時，帥龍虎榜中探花，遂承詔樂師，典音律，猶善於歌舞。因帝母感恙，觀帥三人翩然歌舞而神爽形怡，流汗後而病痊癒，有功於朝而被封為侯爵。後因助天師宮廷除疫誅鬼。天師保奏唐明皇帝，封沖天風火院

田太尉昭烈侯、田二尉昭佑侯、田三尉昭寧侯。所以在其祭祀的府第廟額或神龕上，通常會看到有「翰林院」、「探花府」、「三十三天九天風火院」的字樣，以彰顯其地位尊貴。

一說相傳是唐明皇時的梨園樂師琵琶聖手雷海青，安史之亂安祿山將長安梨園弟子數百人擄至洛陽，在凝碧池宴會上強逼樂師們演奏。雷海青大義凜然不從，以其琴擲賊子安祿山、怒斥其不忠叛國，安祿山大怒之下將其處死。雷海青從容就義以身殉國，浩然正氣令人永懷，其德藝雙馨的愛國情懷被後人譽為「忠烈樂官」，被梨園子弟所崇敬，奉為祖師爺。亦有一說，其死後威靈赫奕，以「雷」姓為旗號顯應，但因雷字的上部「雨」部被雲霧遮著，變成田字，玉皇上帝乃賜姓為「田」

田都元帥神像常見有毛蟹與金雞、玉犬的故事：相傳他出生時被丟棄在田野之間，是被毛蟹吐了泡沫餵食而存活下來，雞、犬則是他的最佳玩伴。就因為這個典故，在田都元帥神像的嘴角邊或額頭上都會繪有一隻吐沫的毛蟹，神像旁會做有金雞、玉犬的神像來陪祀，相當好辨識。也因為有毛蟹救了田都一命的故事，所以奉祀田都元帥的戲班人通常是不吃毛蟹的。

由於常能看到田都元帥像旁有金雞跟玉犬神像陪祀，也因此戲班人呼狗名，會以「幼毛」（臺語）稱之，以示尊重。

◆ 北港金聲順田都田都元帥，有毛蟹在嘴邊的特徵。

◆ 田都元帥神將常見特徵，有毛蟹在臉上。

◆ 台南安南區中洲寮轎班會奉祀三位田都元帥，陳信銘作品。

◆ 台南安南區中洲寮轎班會田都元帥，陳信銘作品。

　　臺灣以田都元帥為主神的寺廟非常多，如基隆覺修宮（有興前子弟儒霖堂）、臺北紫來宮、行德宮、新北三重福義元帥府及田師府、中壢天德宮、鹿港玉渠宮、臺南安定靜安宮、三鯤鯓天宮壇、學甲田府元帥廟、新營土庫土安宮、後壁元齊宮、高雄鳳山田南宮、屏東東港香吉堂、南方澳漢聖宮等等。

　　田都元帥生日是農曆6月11日，也有人會在6月24、8月23日祭拜。

參考資料：

徐亞湘講座：祖師爺眼皮下的生活 https://bshu1926.wordpress.com/2017/08/28/beiguannanyin-rv1/

神采佛店收藏泥塑古佛賞析

神采佛店收藏的泥塑古佛

◆ 田都元帥腳旁有玉犬陪伺一旁。

◆ 呂天運道士（左一）老照片。李柏良／照片提供　◆ 呂天運道士（左一）老照片。李柏良／照片提供

■ 田都元帥老神像

　　此尊老田都元帥是府城呂天運（字壽）道士所留
下，相當珍貴，是其老師從晉江帶來臺灣，再傳給
呂家。呂天運是專扮武場的道士，能靜能動，
所以會拜田都元帥，有一陣子曾合祀於大銃
街境內的協和壇，也有讓人請教濟世。

◆ 田都元帥脫帽狀。　　　　◆ 晉江帶來的田都元帥，收藏在府
　　　　　　　　　　　　　　　城呂家道士家。

■ 泉州體、福州體田都元帥的造型

後面綁有辮子

皮面裝飾以細緻
的漆線來表現

常見笑容純真、張嘴微笑的童子像

集神道壇收藏的泉州體田都元帥。

集神道壇收藏
的田都元帥與
比例尺關係

◆ 臺北福州派王稻瑞
田都元帥,為臨摹
泉州派神像的作
法。曹育齊／收藏

■ 南廠保安宮田都元帥

臺南福州派人樂軒工法
特色：龍頭開嘴用插榫

◆ 臺南福州派人樂軒的龍
頭是開嘴可分解，用插
榫入座，不像西佛國的
作法是整座雕刻。

南廠保安宮興南社田都
元帥脫帽狀

南廠保安宮田都元帥
繡旗

南廠保安宮興南社田都元帥。

臺南鶯藝歌劇團成立於1971年，由林金鶯在臺南市所成立，團名「鶯」取自本名，「藝」代表歌仔戲藝術。由團主林金鶯帶領第三代子弟兵，致力於戲劇的推廣傳承。於2013、2014連續兩年度榮獲臺南市傑出演藝團隊。

◆ 台南鶯藝歌劇團供奉的田都元帥。

「狀元送孩兒」儀式，這是三十幾年前，臺南鶯藝歌劇團去新加坡公演一個月的時候，看見當地尚保存的風俗劇目，而臺灣卻早已失傳。送孩兒有送子的意義，更有保佑福主能早生貴子、地方能添丁進財的美意。那時團主為能延續傳承此失傳的橋段，特地遠從中國復刻這兩尊兄弟孩兒爺神像，且讓孩兒爺跟隨在田都元帥旁邊，並一起祭拜，後再從新加坡攜回，也將此風俗帶回臺灣，讓傳統文化得以延續流傳，祈求添福添壽、加官進爵、添丁進財的美好希望。

1	2
3	4

1. 田都元帥與孩兒爺供奉在劇棚內。　3. 鶯藝歌劇團演出狀元送孩兒。
2. 鶯藝歌劇團演出。　　　　　　　　4. 供奉的二位孩兒爺。

■ 不同造型的田都元帥鑑賞

<u>1　2</u>
<u>3　4　5</u>

1. 神興宮的軟身田都元帥
2. 善化慶安宮田都元帥。
3. 田都元帥，黃德勝老師作品。

4. 天和宮田都元帥。
5. 元和宮田都元帥。

傳統藝師家的田都元帥

◆ 1990年林添盛榮獲教育部頒發「民族藝術薪傳獎」。

　永和明虛實掌中團林添盛藝師家，同時奉祀有西秦王爺與田都元帥，俗稱「雙教」。第四代團主林悅章老師，其父林添盛，人稱「添師」，曾在1990年榮獲教育部頒發的「民族藝術薪傳獎」，是與黃海岱、李天祿等同輩的布袋戲老藝師。

◆ 永和明虛實掌中團屬雙教同時奉祀西秦王爺與田都元帥。

◆ 永和明虛實掌中團第四代傳人林悅章。

◆ 永和明虛實掌中團林添盛藝師家的田都元帥。

◆ 陳金來、吳瑞雲夫妻。

　臺北大頭金來鼓亭是北臺灣享有盛名的鼓亭樂團專家，從其祖上第一代陳世開始接觸業餘的嗩吶吹奏，至第二代陳財，第三代陳金龍、陳金飛、陳金來，第四代陳振明、陳振榮，第五代陳文彥、陳俐廷等，已五代傳承。陳財並發明了「大頭鼓亭」，早期沒有鼓亭的年代，要靠雙人來背鼓才能行走，相當費力（如老照片）。

1 | 2

1. 早期沒有鼓亭，
   需要靠雙人來合
   背大鼓。
2. 早期發明的大頭
   鼓亭。

　　田都元帥的錫香爐，是臺北職業古吹嗩吶店公會所留下來的，因屬末
代業者，就留在他家，而田都元帥則是陳財後來再去雕刻請回的。

　　陳金來維護傳統鼓亭技藝卓著，2011年5月，經臺北市政府登錄為臺
北市傳統藝術保存者，並獲臺北市傳統藝術藝師榮銜。

1. 田都元帥的錫香爐，是台北職業古吹嗩吶店爐
   會所留下來的。
2. 大頭金來鼓亭供奉的田都元帥。
3. 獲眾多肯定的大頭金來鼓亭。

1 | 2
3

■ 孟府郎君與張仙大帝

　　孟府郎君相傳是五代後蜀的後主孟昶，字保元，其通曉音律，善作曲填詞，音樂造詣極高，後人為紀念他的貢獻，尊崇他為南管的樂神，奉祀為祖師爺。

　　孟昶後來投降趙宋，孟昶寵妃花蕊夫人也成為宋太祖趙匡胤之妃，民間相傳花蕊夫人因想念孟昶，畫其挾弓射獵之像，懸掛奉祀於室內，宋太祖見到畫像，問她是誰，花蕊夫人回說：「所掛之畫是四川送子之神張仙，期待能盡早得子」，假借畫像行思念之實，後竟被宋太祖封為「郎君大仙」，並享春秋兩祭。也因此讓孟府郎君與張仙大帝的信仰相互融和在一起。

　　亦有一說為道教四川眉山仙人張遠霄，曾師事陸修靜，得一四目老翁授以仙法，以竹弓鐵彈，為人消災解厄，辟除疫病，因「彈」與「誕」諧音，且可助人祈求子嗣得子，有禱必應威靈赫奕，民間也跟著繪其像而懸掛，在四川被奉為「送子之神」。北宋文學家蘇洵，婚後多年仍未生子，求禱於張仙，二年前後生下蘇軾（號東坡居士）、蘇轍二兄弟，二人從小就喜歡讀書，有文學才華，還同一年中進士，在文壇成就非凡，父子三人被稱為「三蘇」，均名列「唐宋八大家」，蘇洵並留下讚頌《題張仙畫像碑》的文獻為紀。

◆ 臺南天壇張仙大帝神像，右手拿金彈，左手拿竹弓，變成了其神像特色。

◆ 臺南祀典武廟張仙大帝。

◆ 臺南南聲社孟府郎君神像,是南聲社
　創館樂人江吉四從泉州帶來供奉。

◆ 臺南振聲社孟府郎君神像,
　隨身攜帶有竹弓、鐵彈。

◆ 臺南南聲社孟府郎
　君畫像。

　　明代《歷代神仙通鑒》並載:「天狗在天掩日月,下世啖小兒」,張仙見況以彈弓逐打凶神「天狗」,保護世人懷胎之小兒,能平安的生產下來,所以有奉祀張仙的地方,常會看到「打出天狗去,保護膝下兒」的門聯,道教也將張仙稱為「桂宮廣應善利育嗣賜子真君」。

　　《桃園明聖經》內諸聖寶誥的〈文昌應化張仙寶誥〉載:「桂香上殿,文昌左宮,七十二化之法身,百千萬劫之運數,育嗣天下,演教人間,金彈竹弓隨身帶,孤辰寡宿滅行蹤,扶小子而衛通關,蔭閨房而護難產,聰明日益,痘疹減消,難瘉者祈之便瘉,難痊者禱之必痊,大悲大願,大聖大慈,九天輔元開化,靈應張仙大帝,七曲毓聖天尊。」

　　經中充分的說明了張仙大帝受玉帝誥封的之職掌與悲願,其隨身攜帶有竹弓與金彈,成了神像意象特色,隸屬文昌左宮,職掌送子,蔭護閨房產難,少見有男性神明的職司,同女性神明的註生娘娘送子與順天聖母護產守護孩童平安的神職。

台灣民間寺廟受儒教鸞書《桃園明聖經》關帝信仰之影響，關帝的左右配祀神明，除了關平太子與周倉將軍、王甫將軍和趙累將軍外，還常見有一組就是張仙大帝與王靈天君陪祀其側，造像常為站姿立像，張仙的信仰伴隨鸞堂關帝信仰的傳播而聲名遠播。

◆ 臺南開基武廟前殿關帝，張仙大帝與王靈天君陪祀其側。

　　農曆 11 月 23 日，是「文昌應化張仙大帝」的聖誕佳期。

■ 南聲社

　　南管為歷史悠久的民間樂種，2009 年被聯合國教科文組織列為人類非物質文化遺產。2021 年，台南市「南聲社」現任館先生張栢仲與「振聲社」現任館先生蔡芬得，分別被台南市政府登錄為無形文化資產——台南市傳統表演藝術「南管」音樂的保存者。

■ 南聲社孟府郎君祭典程序

◆ 南聲社孟府郎君祭，有獻花（春花）、添燈、獻菓、獻紅圓、獻孩兒、獻金帛、獻弓彈等供品。

　　上香、獻花（春花）、添燈、獻菓、獻紅圓、獻孩兒、獻金帛、獻弓彈、行初獻禮、獻祝文。

1	2
3	4
5	

1. 2015年，南聲社創社百週年慶踩街。
2. 南聲社100周年慶郎君祭。
3. 振聲社練習現況。
4. 振聲社員合照（2004年）。
5. 振聲社供奉的孟府郎君。

■ 不同的孟府郎君

南聲社孟府郎君神像

　　硬身木雕立姿神像，本木色，剃髮五綹長鬚，一身布衣簡單樸素，其左手提起竹弓，右手大拇指食指間拿著一顆彈珠，為神像特色。

　　因其隸屬文昌左宮，職掌送子，蔭護閨房產難，少見的以男性神明職司女性庇子神職。

◆ 南聲社孟府郎君。

◆ 南聲社孟府郎君側面。

◆ 孟府郎君一手持鐵彈，一手持弓。

振聲社孟府郎君神金唐閣（陳世偉作品）

　　硬身木雕立姿神像，色彩繽紛，身穿蟒袍，金底顏色醒目，粉線裝飾典雅，其左手握有竹弓於腰前，右手往上提拿有二個彈珠，相當特別。

1 | 2
3

1. 孟府郎君神像側面。
2. 臺南振聲社孟府郎君神像。
3. 手持鐵彈為其特徵之一。

翼宿星君

翼宿，星宿名，是天文學中的二十八星宿之一，為南方七宿的第六宿，源於中國古代人民對星辰的自然崇拜。翼宿因居南方朱雀之翅膀之位，故而得名「翼」。

《晉書‧天文志上》：翼二十二星，天之樂府，主徘倡戲樂。《樂書》卷一百八十七引《春秋元命苞》曰：「翼星主南宮之羽儀，為樂庫，為天倡。先王以賓力於四門，而列火庭之衛，主俳倡近太微而為尊。」

◆ 下茄苳金鑾宮田都府紙質翼宿星君。

翼宿星君的由來：以乾隆48年（1783）在蘇州鎮撫司前一六號梨園公所中，存有一方〈翼宿神祠碑記〉碑文，記載的最為詳實，蘇州的老郎廟是清廷對戲曲伶人的管理機構，此碑是清代欽命督理蘇州織造部堂兼管滸墅關稅務內務府員外郎四德，因重修老郎廟，竣工後11月所立的石碑，他將「老郎神」改為「翼宿之神」，於是「老郎廟」也改成「翼宿神祠」。[7] 碑文有言：

> 樂之原出於天，太虛之宇，
>
> 知無形之區，即樂也。
>
> 積氣之地，即樂也。
>
> 夫無形而積氣者，豈非天乎？……
>
> 翼宿之神。星之精，各有所司，
>
> 而翼，天之樂府也。
>
> 諸雜祀皆於其始作之人，
>
> 以云保也。自吹竹定律以來，制樂者、好樂者，

即一謳一歌，善於其業者，皆不乏人。

然而托之聖賢已貶，炫之名位已誣，

必指其人以實之，則已鑿。

鈞天有樂，翼實尺之

　　把對戲曲藝人供奉神靈的地位拉到最尊的「天宿」地位，非聖賢可比擬。

　　其碑文之後赫然出現「臺灣局」：附有乾隆年間的捐款名錄，「乾隆四十五年（1780）四十六年（1781）各姓捐銀數臺灣局六三錢三十一兩」，由此可見當時臺灣戲曲界確實與蘇州戲曲界有所往來。可知在乾隆時期，臺灣就已經有崑曲戲班的活動。[8]

◆ 在南廠保安宮適意社的翼宿星君神將。

◆ 開山宮和樂社冀宿星君神將。

◆ 開山宮和樂社冀宿星君繡布。

◆ 南廠保安宮，民國 52 年適意社翼宿星君樂捐芳名牌。

---

1. 張啟豐，〈清代臺灣戲曲活動與發展研究〉頁 205-207，2004 年成功大學中國文學系博士論文。

2. 張勇風，〈戲曲藝人戲神崇祀及禁忌文化析微〉，《戲劇研究》第 6 期，2010 年 7 月。

■ 開山宮和樂社冀宿星君的由來

《台南新報》昭和2年（1927）4月19日 第六版
第9054號報導：

◆ 和樂社在昭和2年（1927）粧
塑的冀宿星君。

　　迎神雜觀臺南大天后宮恭迎媽祖。月
十六七兩日舉行。已登前報。其遶境初日。
雖為降雨。各團雲散。而第二日幸得陰晴。
春風習習。燦行各團。接續成陣。頗有可
觀。聞此兩日。四方來觀者。計數萬人。市
內旅館。殆宿滿員。查十六日降車諸客。約
五千四百餘名。而十七日乘降車者亦不下數千名比之當日千餘
名。則有萬餘人入市然本年酒館青樓。遊客較少前年。其殆亦皆
知儉朴也。其他諸商。亦不大受好影響此兩日燦行媽祖各團。既
無華麗藝閣。則各馬隊費資不少。旗幟大整新塑神像。如和樂社
之冀宿星君。喜鱗社之田都元帥。佛祖廟境紫竹社之韋馱尊者。
皆裝塑爭麗。費有千金。觀諸韋馱之裝塑。頗見尊嚴。盔甲亦光
彩。則取佛門護法之意。若田都元帥。本為曲師奉祀。喜鱗社塑
之。亦無背義。惟和樂社之塑冀宿星君。未悉何所取義也。

◆ 開山宮佛祖廟聯
合和樂社老旗子
重現繞境現場。

昭和2年（1927），臺南大天后宮迎媽祖，新粧塑的神將共有開山宮的和樂社之冀宿星君、喜鱗社之田都元帥、慈蔭亭佛祖廟境紫竹社之韋馱尊者，為戲曲的祖師爺與佛祖前的護法神，皆參加繞境增加光彩，這樣的情形，目前都還鮮活的在台南的廟會現場出現。

◆ 昭和4年（1929），臺南和樂社參加嘉義城隍祭典紀念旗。

◆ 臺南和樂社冀宿星君旗幟。

和樂社繡旗古物

　　久邇大將宮殿下御台覽紀念，和樂社繡旗就有繡著冀宿星君。

◆ 昭和3年（1928）5月6日，日本皇族久邇宮邦彥王蒞台檢閱台灣軍，特命檢閱使邀請和樂社去表演所贈的繡旗。

■ 華光大帝

華光大帝又稱五顯華光大帝、五顯靈官大帝華光天王，道教稱作五顯
靈官馬元帥，是道教護法四聖之一、三十六官將之一，佛教稱為華光天王
佛。五顯大帝的信仰在宋代相當興盛，沿著水路運河的兩岸而傳播開來，
到了宋代末年，華光大帝的祠廟已遍佈全國。[9]

依《華光天王傳》和《北遊記》的說法，華光乃「火星」，是「火之精，
火之靈，火之陽」，被玉帝封為「火部兵馬大元帥」之職，故視之為「火
神」，有三隻眼，中間那只可見天、地、人三界，故又稱「三眼華光」、
「三眼靈耀」、「華光天王」。並有「金磚」、「風龍降火龍數條」及「火丹」
之法寶，只有北極真帝大帝的北方壬癸之水，才能將其制服。

◆ 華光大帝又稱五顯華光大帝。

◆ 華光大帝有三隻眼，可見天、
  地、人三界。

9.（美）韓森，《變遷之神 - 南宋時期的民間信仰》，中西書局，2016 年 7 月 1 日。

五顯大帝的故事至遲於元代就已在民間流行。明代雜劇《華光顯聖》是部專演華光的傳說故事，經廣泛演唱後，而為民間所熟知。並被視為鎮守中界，護國佑民，求長壽得長壽，求富饒得富饒，萬民求男生男，求女生女，買賣一本萬利，讀書者金榜題名，有求必應，無感不通，感顯應驗之神祇。

華光大帝
——陳信銘作品

特刻的奇木椅

金面三眼，左手拿金磚

頭戴二郎盔為年輕的神明所戴圓筒如關平

華光大帝側面，閣派的特色注重彩繪的細緻，有漸層的配色。

華光大帝也是戲神，戲神就是從事戲曲行業的演職人員所供奉，來保佑戲業人員的平安與利益，華光大帝因手下留情救了戲班，被粵劇業奉為保護神，所以戲班演戲之前必先立火神華光神位，演出前必焚香祈求華光大帝，保佑大家平安順利，粵劇藝人十分敬重華光，皆自稱是「吃華光飯的」，每到農曆9月28日華光聖誕日，粵劇藝人都會聚集在一起，來拜祖師爺，並登台表演慶祝聖誕。

　　五顯大帝聖誕千秋日為農曆9月28日，
　　五顯大帝飛昇紀念日為農曆5月5日。

五帝廟開基五帝爺

福州派人樂軒五帝爺

西佛國五帝爺

其他行業別祖師爺

百業興旺平安的民間信仰

移民的鄉土守護神

■ **年輕族群喜歡的保安廣澤尊王信仰**

保安廣澤尊王信仰來自原鄉福建泉州南安詩山鳳山寺，為閩南地區的福神，民間又稱廣澤尊王、保安尊王、郭聖王、聖王公，封號全銜為「威鎮忠應孚惠威武英烈保安廣澤尊王」。

廣澤尊王俗姓郭，乳名乾，諱忠福，誕生於五代後唐同光元年（923年）2月22日卯時，為唐朝名將汾陽王郭子儀的後代子孫，為安溪縣清溪村人，在世以「孝感動天」聞名。16歲時，後晉天福戊戌年（938年）蛻化成神，成道後以「神威顯赫、護國庇民」著稱，屬年輕帥氣的神明，崇尚孝道，富有正義感，喜見義勇為又善驅邪，得到年輕族群信眾的崇敬與喜愛。西羅殿的很多年輕信徒都是國中時期就從小尊的香火佛（結緣價

1｜2｜3

1. 廣澤尊王，林秋銘作品。
2. 廣澤尊王，王仙發作品。
3. 西羅殿廣澤尊王三鎮與陳欽差黃太尉，曾應飛作品。

◆ 國中生從香火佛拜起。

◆ 西羅殿廣澤尊王二鎮。

◆ 彰化南瑤宮八太保。

200元）開始拜起，不僅是男生，也有女生，這是一個信仰圈相當有意思的話題。

西羅殿主祀保安廣澤尊王，而保安廣澤尊王有「太保」的稱呼，也是郭家從原鄉泉州府晉江縣石獅市前坑村的郭姓宗族所攜帶來臺的祖佛所肇基的，是代表尊王的分靈，目前臺灣有廣澤尊王幾太保分靈稱呼者，皆由西羅殿所肇基而發揚出去的，但在中國則是稱為「太子」，後人有不知其義者，遂有訛傳稱太保為聖王所生之子的說法。

■ 十三太保的由來

在中國福建省南安市的詩山鎮鳳山寺是保安廣澤尊王的信仰中心，以鳳山寺為中心點，在附近有十三個保里鄉社，每一庄頭村落都有分靈廣澤尊王的宮廟，稱為十三行祠宮，分別是大太保、二太保一直到十三太保

（中國稱為「太子」）。十三位太保在各地方鎮守一宮，各司其職，每一位都有不一樣的職務，形成各個信仰圈。如果用分靈的輩分來說，就變成是保安廣澤尊王與妙應仙妃的十三個兒子。

■ 十三太保的造型

根據臺灣雕刻聖王公最多的曾應飛雕刻師說：依個人喜好不同而有差異，一般都會跟分靈的祖廟一樣，也較好辨識。1979年間，他雕刻了西羅殿第一批13尊一尺連座的公佛時，聖王公的造型就逐漸定型化下來（如附表），當時四太保的粧佛最多，身穿文武甲，而西羅殿的下屬神明會，四太保也排第一個，有其專屬的小舘。聖王公雙手的表現方式也有不同，除了平垂下來之外，還有專業術語所謂的出入手（左手在前右手在後），其實是一種肢體平衡的表現，像西羅鎮殿六太保的軀勢就非常威武莊嚴。其中，最特別的是十三太保，全身武甲出入手。以下造型差異表格僅供參考，是西羅殿聖王公的一般版本。

◆ 唐華閣曾應飛師傅。

◆ 西羅殿三鎮三太保，文袍雙手平垂，曾應飛作品。

西羅殿保安廣澤尊王十三太保的造型差異

名稱	衣袍	雙手手勢
大太保	文袍	雙手平垂
二太保	文袍	雙手平垂
三太保	文袍	雙手平垂
四太保	文武甲	右手掌帶
五太保	文袍	雙手平垂
六太保	文袍	出入手（左前右後）
七太保	文袍	雙手平垂
八太保	文袍	出入手（左前右後）
九太保	文武甲	雙手平垂
十太保	文袍	雙手平垂
十一太保	文袍	雙手平垂
十二太保	文武甲	右手掌帶
十三太保	全武甲	出入手（左前右後）

西羅殿四太保

右手掌帶　文武甲

西羅殿鎮殿六太保

文袍　出入手（左前右後）

西羅殿鎮殿十三太保
曾應飛作品

全武甲　出入手（左前右後）

◆ 坐在鳳上的廣澤尊王造型很
特別,西港李世清收藏。

◆ 廣澤尊王,林俊收藏。

◆ 尺寸非常小的廣澤
尊王,林俊收藏。

◆ 永康永興堂收藏的
老神像。

◆ 廣澤尊王,曹育齊
收藏。

◆ 曾龍山家藏的老神像。

◆ 西港李世清
收藏的陶瓷
聖王公，比
例由大到小。

　　府城保安廣澤尊王的信仰分為二大系統：西羅殿與永華宮。由於脈絡不同，二廟之間在神像的頂戴神帽上也有所區分，西羅殿系統的神帽會戴在聖王公額玉之上，永華宮系統神帽會戴在聖王公的頭上（沒有額玉的問題）。

◆ 永華宮正殿內神像。　　　　　　　◆ 西羅殿正殿神像。

◆ 永華宮（左）
與西羅殿（右）
之差別在神帽戴
法。

本土神明代表

■ 開臺聖王鄭成功

臺灣是移民社會，民間信仰的廟宇所供奉的神明大部分跟隨祖先從原鄉移民而來，代代相傳至今，主要從中國沿海省份如浙江、福建、廣東等省，如媽祖原鄉來自湄州，廣澤尊王原鄉來自泉州、保生大帝來自白礁、清水祖師來自安溪、開漳聖王來自漳州、三山國王來自廣東揭陽、玄天上帝來自湖北武當山等，開臺聖王鄭成功的信仰則是從臺灣開始，這是比較特別的。

開發臺灣後顯靈助戰默佑於民間，在乾隆52年（1787）林爽文事變中，天地會莊大田的供詞曾描述到：南部鳳山一帶有民眾相信鄭成功已經成神，在女巫金娘的詮釋下，已由歷史人物轉變成為戰神，並顯神助戰。[1]

分巡臺灣兵備道徐宗幹在咸豐3年（1853）《斯未信齋雜錄》書中載：

> 八月初一日以後，洋面匪船出沒無定。
>
> 澎湖營拿獲匪船三隻、盜匪三十餘人，犁沉船一隻，起出內地小刀會匪偽印布及奪獲炮械多件；各犯即令就地正法。獲犯供攻郡城時，見城上人馬無數，有女兵、有孩子軍，重疊如山。城外天后廟、太子廟顯靈，云賊初至，有白髮老者叩人門戶，催令上城，婦孺皆運磚石，紛紛擊賊。內宄持刀，從巡城各官後，臨

時皆入鞘，拔之不能出。有見黃旗立城上，偉然丈夫，俯臨堞間；皆謂開臺王出現云。

同治13年（1874）沈葆楨與其他官員聯名上奏，以鄭成功「感時仗節，移孝作忠」之義，應屬「為民表率」，而奏請皇帝准為其建祠祭祀，光緒元年（1875）朝廷准奏建立專祠，稱其為「前明故藩朱成功仗節守義，忠烈昭然。遇有水旱，祈禱輒應，尤屬有功臺郡。於臺灣府城建立專祠並與追謚，以順輿情。」

在臺南的大上帝北極殿後殿偏室就有奉祀地基主泥塑之像，民間流傳「明拜地基主暗拜鄭成功」之語，或稱「明裔朱懋王爺」（朱王爺），隱喻來祭拜鄭成功。筆者把他歸類為臺灣本土神明，這是中國民間神系信仰早期所沒有的，肇源於臺灣本土。這不是孤例，後來在臺灣紛紛也有鄭成功時期的歷史人物（陳永華、寧靖王朱術桂、施琅等）因對地方有貢獻而轉變為民間信仰的神明。[2]

2020年臺南大學張伯宇、蔡米虹老師的調查，全臺主祀鄭成功廟宇合計201座，分布於19個縣市的118個鄉鎮市區內。就縣市而言，以宜蘭縣的30座數量居冠，鄉鎮市區層級，則以臺中市清水區的12座為首。

◆ 花蓮延平王廟開基鄭成功神像。

■ 鄭成功信仰神像分析

一、以延平郡王祠、鄭氏家廟、三老爺宮、安平開臺天后宮四間老廟的老神像比對分析為例。

表 1-1 鄭成功老神像風格特徵統計一覽表

寺廟	延平郡王祠 大公柱	鄭氏家廟光緒 16 年神像	三老爺宮（泥塑） 朱府延平郡王	安平開臺天后宮 開臺聖王
冠帽	王帽	王帽	王帽	王帽
面相	老生	老生	老生	老生
眼形	三分眼	三分眼	三分眼	三分眼
鬍鬚	五綹長鬚	五綹長鬚	五綹長鬚	五綹長鬚
衣袍	蟒袍	蟒袍	蟒袍	蟒袍
姿勢	抱壽體	抱壽體	抱壽體	抱壽體
坐椅	龍頭圈椅	龍頭圈椅	如意頭圈椅	龍頭圈椅
聖誕日	原正月 16 日後 改 7 月 14 日		正月 16 日	7 月 14 日

資料來源：由筆者針對各神像造型外表分項製表而成

經分析其神像特色為坐姿，多為硬身木雕神像，正面端坐於龍頭扶手圈椅，粉面，老生臉[3]，五綹長鬚，眼神下視，心懷眾生疾苦，身穿袍服，右手抱左袖於右腰前，露出大拇指（民間俗稱抱壽體），其腳下踏雙獅或方形踏座，屬泉州派傳統寫意式的雕法，[4]將其神格化，會保國佑民，神威顯赫，有代天巡狩的神職，非表現出鄭成功39歲年輕的樣貌。

---

3. 老生面為代表溫文儒雅，已有年紀並有鬍鬚的面相。
4. 謝奇峰，《西佛國：府城五代粧佛世家傳奇》，豐饒文化，2021，頁64-66。

二、以延平郡王祠、鄭氏家廟、二間廟宇近代的神像作品分析為例。

表1-2鄭成功近代神像風格特徵統計一覽表

寺廟作者	鄭氏家廟木雕 蔡心（民國37）	延平郡王祠泥塑 楊英風（民國50）	鄭氏家廟木雕 陳啟村（民國102）
冠帽	王帽	王帽	王帽
面相	年輕	年輕	年輕
眼形	三分眼	睜眼	睜眼
鬍鬚	無鬚	山羊鬍	山羊鬍
衣袍顏色	文武甲（蟒袍）紅袍	文袍（蟒袍）藍袍	文武甲（蟒袍）綠袍
姿勢	左手反曲右手扶腰帶	右手握拳右手扶腰帶	左手握書卷右手按於腰際
坐椅	無	無	坐椅披有椅巾
特色	模仿日人鄭成功畫像為藍本，所創造出來的王爺體。	將鄭成功的「威武」描塑出來，塑成一個威武俊偉的人物。	呈現鄭成功文武雙全之樣貌，雕像著武士盔甲，外披文人衣衫，展現允文允武的樣貌。外貌有時尚感，精緻炫目。
發想	蔡心以鄭成功年輕帥氣的樣子為創作藍本，以白臉無鬚，身穿武甲外披紅色蟒袍，展現出國姓爺意氣風發之神韻，跳脫一般王爺有鬚的造型窠臼，表現了延平郡王的另一種面貌。	楊英風的鄭成功造像是透過內政部的考證，從面型到鬍鬚，從儀容至服飾，皆有所本，並請人穿著戲服充當模特兒做為參考的形態。	荷蘭人對鄭成功的描述為，身材中等、臉方正，音宏亮、大眼、眼神銳利，陳啟村以此做為雕像面容基礎，再注入臺南人對鄭的感恩，才雕出人、神融一的神韻。

資料來源：由筆者針對媒體報導，分項製表而成。

經分析其神像特色為坐姿，木雕泥塑神像皆有，由於有畫像與文獻資料可以參考，蔡心在1948年用傳統的神像雕法來形塑鄭成功年輕的樣貌，仍保有傳統神像的味道；楊英風在1961年塑造的鄭成功則是以寫實有考證的作法來形塑出其威武的樣貌；2013年，陳啟村的鄭成功塑像則是以荷蘭人對鄭成功的描述為基底，再融入其神像的雕刻技藝，傳統神像中融入其個人濃厚的特色風格，除了刀法流暢，還結合其染色技藝，座椅與椅巾的設計充滿了現代時尚的感覺，表現與眾不同的風格。三體都以寫實的作法來表現出鄭成功39歲年輕威武的樣貌，各有其特色。有別於前一組老神像是以粉面、老生臉、三分眼、五絡長鬚，右手抱左袖於右腰前（抱壽體），端坐於龍頭扶手圈椅，神格化寫意式的雕法。

臺灣新興宗教母娘信仰

■ 母娘信仰源起

　　母娘信仰是臺灣戰後1949年源自於花蓮吉安鄉的新興宗教，藉由顯聖事件，表達降世救人之旨意，原同為一源，後因信徒意見不一，樹大分枝，各立門戶，分為勝安宮與慈惠堂二大系統，勝安宮稱為天上王母娘娘；慈惠堂稱瑤池金母，其混合了地方民間信仰與各教派的教義與扶鸞技術，在信眾求福報的心理基礎上，透過思想救贖、靈驗取向、經扶鸞降書的義理轉化和傳播，成為新的信仰體系，在臺灣蔚為風潮，展現西王母信仰的臺灣本土風貌。[1]

　　奉祀王母娘娘（瑤池金母）的宮堂寺廟也常見會有配祀地母娘娘、九天玄女（母）等女神（九天玄女可參看製香仙祖媽章節），後有臺灣山脈靈氣的信仰，是一種靈感性的宗教體驗，有所謂的信眾靈修會靈之事，透過靈修希能脫凡成聖，達「功果雙全」永享福澤的信仰期待，也是戰後新興宗教的「五大母娘」信仰，筆者稱祂為廣義的母娘信

◆ 花蓮勝安宮九天玄女娘娘。　◆ 花蓮勝安宮地母娘娘。

1. 丁仁傑，《社會分化與宗教制度變遷：當代臺灣新興宗教現象的社會學考察》，聯經，2004，頁169-174。

仰，重視修行來利世濟人，其有多種母娘神系組合，常見是（王母娘娘、地母至尊、九天玄女、準提佛母、驪山老母）的組合。

母娘信仰其神像，常見以母親的形象，或老、或慈祥溫柔、或雍容華貴、或年輕、或微笑，或拿枴杖、或拿如意、拂塵、八卦、壽桃等，依其典故與神職而雕塑其形。

■ 王母娘娘信仰

西王母是中國神話中的女神，戰後1949年，起於花蓮吉安鄉的一起「關落陰」事件，王母娘娘（瑤池金母）從天而降，藉由乩童表達降世救人之旨意，揭開臺灣西王母信仰之始。於是有「王母娘娘」、「瑤池金母」、「西王金母」、「金母元君」、「西靈王母」、「九靈太妙龜山金母」、「西池極樂金慈聖母」、「白玉龜台九靈太真金母元君」、「無極瑤池大聖西王金母大天尊」、「天上王母娘娘大天尊」等稱呼。

有關王母娘娘形象的想像，源於具體成書戰國時代的《山海經》，《山海經》是一部集《山經》、《海經》結合原始初民想像與真實的神話經典，內容涵蓋遠古時期的山、海、地理環境、動物、植物、礦物，所相互交織而成的奇幻神話百科全書。

《山海經·西山經》：「贏母之山又西三百五十里，曰玉山，是西王母所居也。西王母其狀如人，豹尾虎齒而善嘯，蓬髮戴勝，是司天之厲及五殘。」郭璞註：主知災厲五刑殘殺之氣也。

《山海經·大荒西經》：「西海之南，流沙之濱，赤水之後，黑水之前，有大山，名曰崑崙之丘。有神人面虎身，有文有尾，皆白，處之。其

下有弱水之淵環之，其外有炎火之山，投物輒燃。有人戴勝，虎齒，有豹尾，穴處，名曰西王母。」

　　從《山海經》文中得知，西王母最初的形象是豹尾虎齒、有濃厚的動物圖騰裝飾色彩，為半人半獸的母性形象，居處在玉山、昆崙山洞穴，職掌五殘及厲。在後來逐漸演變為慈悲、母愛、關懷女神的特徵。

■ 臺灣民間本土化風貌

　　花蓮吉安鄉西王母信仰發展後，王母收了 51 個契子、契女，由於信徒的意見不一，終於樹大分枝，各立門戶，分為勝安宮與慈惠堂，勝安宮稱為天上王母娘娘；慈惠堂稱瑤池金母。

◆ 花蓮勝安宮正殿外貌。

◆ 花蓮勝安宮無極大寶殿正殿神像。

◆ 花蓮慈惠堂總堂廟貌。

◆ 花蓮慈惠堂總堂正殿瑤池金母。

勝安宮著黃衣、持黑色令旗；慈惠堂穿青衣、持黃色令旗。

在信仰聖典上，勝安宮修行：《無極虛空天上王母娘娘消劫行化寶懺》、《虛空會 上王母養正真經》、《無極虛空天上王母消劫救世寶懺》。 慈惠堂修行：《母娘收圓定慧解脫真經》、《瑤命皈盤》。

勝安宮的分靈達一萬六千多處；慈惠堂的分堂逾千座。

◆ 花蓮勝安宮天上王母娘娘。

◆ 台北松山慈惠堂瑤池金母。林昆德／攝影

參考資料：
簡東源，〈臺灣西王母信仰之研究──以花蓮勝安宮、慈惠總堂為考察中心〉，2008 年，東華大學博士論文。

■ 地母娘娘

地母娘娘又稱地母至尊、地母尊佛、地母元君、無上虛空地母，大道玄玄虛空地母、無上虛空地母無量慈尊。地母崇拜起源於上古時代，自初民社會以來，因人們對於大自然現象的探究，對於土地的崇拜與敬畏。祈求能身心安頓，產生了豐富多元的神話想像，而將其人格化。認為祂是主宰大地山川、生養萬物之神，是大地萬物之母。

◆ 埔里地母廟外貌。

《周易》內文載：「乾，天也，故稱乎父；坤，地也，故稱乎母」的解釋。由於土地為萬物的負載者，人類對於土地的崇拜，從周朝開始以「后土」來代表整個大地，與「皇天」相對，宋初稱為「皇地祇」，後因宋徽宗封爲「承天效法厚德光大后土皇地祇」，此後歷代都沿用「后土皇地祇」之名，到了清末光緒年間，因有鸞書《地母經》的流行，民眾漸改稱為地母，出現了地母崇拜。

地母廟普遍奉誦的光緒9年（1883）《地母經》，全名是《無上虛空地母玄化養生保命真經》，其「天父地母脈元始祖寶誥」言：「……天地合一，化生萬靈萬物，體質氤氳，造化靈應，天父地母威靈普化三曹，關開渾沌，造化宇宙，萬靈棲居，滴滴心血，養育群生，玄源玄化，養生保命，水有源，樹有根，飲水思源……」闡述了「地」與「天」共同含容萬物的概念。

內經文也記載「媧皇制人倫，乾坤合其德，兩儀妙生成，從此地母神」，承接了「女媧皇」具體化形象，等同於「地母」是「女媧」的化身，

◆ 埔里地母廟極樂寶殿外觀。　　　　　　◆ 埔里地母廟極樂寶殿正殿。

◆ 雲林古坑靈台山建德寺地母廟外，有地母坐在　　◆ 雲林古坑靈台山建德寺地母廟外觀。
　地球上的造型。

　　而「盤古初生我當尊，陰陽二氣配成婚」，也解讀成女媧的神格是與上古時代的盤古同時期，且當「尊」又早於盤古之前，所以也把地母的地位，推向大地萬物、宇宙之源的地位。

　　臺灣主祀「地母至尊」的宮廟，會常見到信眾靈修會靈之事，乃屬臺灣戰後的新興宗教，重視修行來利世濟人，呼應了《地母經》內載地母化生萬靈萬物，期許信眾能力行於靈修而脫凡成聖登天庭，達「功果雙全」永享福澤的信仰期待。其配祀的神明多有五母，或為驪山老母、瑤池金母

（王母娘娘）或九天母娘（玄女），亦有觀音佛祖、天上聖母等組合。地母至尊也常見其配祀於瑤池金母（王母娘娘）之旁。

著名主祀地母的宮廟有宜蘭慈民宮、古坑建德寺、埔里寶湖宮。據2005年第四屆中華道教總會印行的道教地母至尊主（配）祀神宮堂名冊，有多達123座團體。

每年農曆10月18日地母誕辰，會舉行隆重祭祀活動。

◆ 雲林古坑靈台山建德寺地母廟外，有地球造型正殿地母。

參考文獻：
林仁昱，〈臺灣奉祀「地母至尊」宮廟考查及信仰觀念探析〉《興大中文學報》，2008。
翁智鎔，〈臺灣地母信仰——以中華隨緣總堂靈修協會為主〉，2015年輔大宗教系碩論。
蕭霽虹，〈地母信仰及其經卷在雲南的傳承探析〉。

■ 準提佛母（觀音菩薩）

　　觀世音菩薩，是譯自梵語「Avalokite śvara」，由於各佛經翻譯家的解讀不同，遂產生了多種版本，竺法護和尚譯為「光世音菩薩」，鳩摩羅什法師譯為「觀世音菩薩」，唐代玄奘法師則譯為「觀自在菩薩」，或傳說跟唐太宗李世民的本名中有個「世」字有關，為了避諱，而將「觀世音菩薩」改稱為「觀音菩薩」。

　　「家家彌陀佛，戶戶觀世音」，觀音信仰是國人最普遍的民間信仰之一，觀音的稱呼很多，有稱觀世音菩薩、觀自在菩薩、大慈大悲救苦救難廣大靈感觀世音菩薩、觀音佛祖、南海佛祖、南海古佛、觀音大士、白衣大士、慈航大士、面燃大士、準提菩薩、準提觀音、準提佛母等聖稱。

　　佛教約在兩漢之際傳入中國，在唐朝以前，觀音造像都是以男性形象出現。自唐代開始至近代則多為女子相，由於觀音的形象是可隨信眾的祈求需要，來應化各種不同的化身，為之說法教化，因隨緣應化，所以有了多種版本的造型，如6、15、33、37、84種等化身，常見的造像有紫竹觀音、白衣觀音、水月觀音、淨瓶觀音、騎龍觀音、送子觀音、六臂觀音、準提觀音、十八臂觀音、千手千眼觀音等。

　　準提菩薩為三世諸佛之母，他的福德智慧無量，感應至深，又稱「準提佛母」、「準胝菩薩」，全稱是「七俱胝大佛母準提菩薩」，是觀世音菩薩的化身之一，也是觀世音菩薩的同體異名。準提是「清淨」之意，代表著準提佛母清淨的心性，「俱胝」是個比億、兆、還要大的計數單位，代表七俱胝那麼多不可數劫數的佛，意指無量無數的古佛皆因修此準提法而成就，是千祈千應的大悲聖者，因菩薩造像具有十八隻手，故民間俗稱為「十八手觀音」，也因其造像有多支手臂，常讓人誤以為是「千手觀音」。

◆ 嘉義縣番路鄉半天岩紫雲寺　　◆ 半天岩紫雲寺準提菩薩。　　◆ 半天岩紫雲寺準提菩薩。
　準提菩薩。

　　觀音菩薩為了濟度教化眾生，六道各分有「六個不同的觀音化身」來示現，在天臺宗中稱救渡「人道」的是「天人丈夫觀音」，即是準提菩薩的應化身，另外還有聖觀音（救拔餓鬼道）、千手觀音（救拔地獄道）、馬頭觀音（救拔畜生道）、十一面觀音（救拔修羅道）、如意輪觀音（救拔天道）等。

　　準提佛母面現金面、雙腳、三隻眼、十八隻手，象徵般若的十八空。知一切萬法皆從心生，悉無自體，故稱為空。若欲住此十八空門，當學般若，示現眾生學佛要有智慧方能成就。而其中雙手結印相柱成輪，更意味著學佛的終極在福德圓滿與智慧圓滿。

　　主要寺廟：嘉義半天岩紫雲寺，可服務信眾解冤、因果釋清、安排修程等功德。

◆ 嘉義縣番路鄉半天岩紫雲寺觀音佛祖開基
　大、二、三媽。

參考文獻：
伍聖傑（釋一玄），〈臺灣會靈山研究〉，2014年玄奘大學宗教學系碩士論文。

■ 驪山老母

驪山老母，又稱黎山老母、梨山老母，是深居於驪山上的至高無上的女仙，傳說是中國的上古時代的神仙。姓氏與來歷不明，在臺灣屬山脈靈氣的信仰，神職為萬靈主教，拯救亂世，傳授門徒，廣傳秘法，救苦救難，為人指點迷津。

◆ 南化葫蘆山開基驪山老母宮老母。

在道教尊為「懿德玄妙慈尊」、「玄靈妙元慈尊」、「護國懿德元君」「驪山老母大慈尊」、「驪山老母玄妙大慈尊」等，也是戰後新興宗教母娘神系的會五母之一（王母娘娘、地母至尊、九天玄女、準提佛母、驪山老母）。

起源一說是在中國陝西西安驪山西繡嶺第二峰，有座廟「老母殿」，初建於唐廣德元年（763年），奉祀女媧氏，相傳女媧氏創造了人類，三皇五帝均為其子孫，又在驪山鍊石補天，後世人尊稱為「驪山老母」。聖誕日農曆6月13日。

由於驪山老母傳說是上古女仙乃斗姥所化，是天地正氣智慧的化身，法力高深莫測，在古籍都記載其扮演點化與傳授仙法的角色，如《太平廣記‧集仙傳》云：驪山姥，不知何代人也。有「李筌」之人好神仙之道，常遊歷名山，博採方術，得《黃帝陰符經》不曉其義，至驪山遇老母傳授秘要點化而開悟。

◆ 南化葫蘆山開基驪山老母宮老母神像。

◆ 南化葫蘆山開基驪山老母宮樊
梨花。

　　宋朝鄭所南《驪山老母磨鐵杵欲作繡針圖》一書談到唐朝詩人李白「只要功夫深，鐵杵可以磨成繡花針」的故事，典故中的場景，所遇到的老嫗竟也是驪山老母，民間受到《西遊記》、《三寶太監西洋記通俗演義》、《女仙外史》、《薛丁山征西》等神魔通俗小說與民間說書、戲劇的推波助瀾之下，驪山老母成為地仙之祖，皆歸其統管。老母的地位高超甚至高於釋迦佛和玉皇大天尊，並教出每個時代中的巾幗英雄女將，如戰國時代的齊宣王妻子鍾無艷、唐代的薛丁山妻子樊梨花、宋代的楊宗保妻子穆桂英、高君保的妻子劉金定、東晉時期的祝英臺等，都是驪山老母的門下弟子。

　　知名廟宇：新北市深坑區無極慈母宮、臺中市和平區慈元宮母堂、南投縣仁愛鄉靈山慈母宮、臺南市南化區驪山老母宮、花蓮縣吉安鄉無極慈雲宮等。

◆ 南化葫蘆山開基驪山老母宮外貌。

◆ 南化葫蘆山開基驪山老母宮正殿神像。

參考文獻：
伍聖傑（釋一玄），〈臺灣會靈山研究〉，2014年玄奘大學宗教學系碩士論文。

理髮業的守護神

■ 孚佑帝君

◆ 孚佑帝君，劉進文作品。

　　孚佑帝君，即民間傳說的八仙（鐵拐李、漢鍾離、呂洞賓、張果老、何仙姑、曹國舅、韓湘子及藍采和）之中的呂洞賓，原名呂嵒（嵒或作岩、巖、嵓），道號純陽子，自稱回道人。呂洞賓是八仙形成的核心人物，是介於歷史和神話之間的人物，在宋初《太平寰宇記》中已為時人所記載，但由於眾說紛紜，流傳版本眾多，傳自幼聰穎，精通詩詞歌賦，曾中進士，道術高超，一生樂善好施，扶危濟困，深得百姓敬仰，為唐代道教丹鼎派祖師，尊稱呂祖，被道教全真道尊奉為「北五祖」之一，又稱「純陽祖師」、「呂仙公」、「妙道天尊」、「南宮孚佑帝君呂恩主」，其廟宇常被稱為仙公廟。

◆ 孚佑帝君，金芳閣作品。

　　呂洞賓允文允武，道法精深，劍術玄奇，神通廣大之下其神職展現非常多樣，是兼弘儒、道、釋三教的神祇，孚佑帝君在臺灣多和鸞堂結合，也成為鸞堂系統裡的主要信仰神祇。如：

　　五文昌（文昌帝君、孚佑帝君、關聖帝君、魁星爺、朱衣神）之一；

◆ 臺北木柵指南宮主祀純陽祖師。　　◆ 臺北行天宮主祀五恩主。

五恩主（關聖帝君、純陽祖師、司命真君、豁落靈官、岳武穆王）之一；
三恩主（關聖帝君、孚佑帝君、司命真君）之一。
此外，呂洞賓在臺南也是理髮業、打錫業的行業守護神。

■ 孚佑帝君形象

著紫色道袍八卦衣、頭戴道帽，面貌俊秀、仙風道骨的形象，手持拂
塵，另一手平放或捏劍訣（伸出食指、中指），寶劍懸於腰間或負於背後。
陪祀有王天君、柳星君。

◆ 純陽祖師府孚佑帝君，陪祀有王天君、
　柳星君。

頭戴道帽
道袍八卦衣
手持拂塵

◆ 純陽祖師府孚佑帝君，林秋銘
　作品。

呂洞賓是理髮業守護神

相傳明太祖朱元璋為臭頭皇帝，每次理髮時，理髮師都會因不小心碰到頭上的瘡而被處死，呂洞賓為幫助理髮師，乃下凡扮成理髮師，前去替明太祖理髮，不僅沒有把瘡弄出血，反而很快把瘡治好了，朱元璋為了感謝他，要賞賜金銀財寶，他卻不肯要，只求明太祖賜他一面紅旗插在理髮店門口，從此就被稱為理髮業的守護神。

◆ 孚佑帝君呂洞賓形象，著紫色道袍八卦衣，頭戴道帽。

打錫業的祖師爺青金祖師

◆ 臺南打錫業者供奉青金祖師，為錫器業祖師爺。

臺南打錫舖所所供奉的祖師爺為青金祖師，也是所稱的呂仙祖呂洞賓。在日治時期的宗教調查中，清康熙52年（1713），臺南市內的打錫業者便已組有青金祖師會，當時會員有7人，以農曆1月24日為例祭日。打錫師傅多稱呼為「仙公爐」，由會員輪祀，隨著打錫業逐漸式微，1990年代以後，青金祖師會就不再續傳。

餐飲廚師業的守護神

■ 司命灶君

一般府城寺廟慶成建醮，如果有設廚房請廚師來開伙煮食的話，都會有「安灶君」科儀，安設有一張紅紙上書「如在其上 易牙祖師 司命灶君 雲廚使者」的香位，上疏主神為九天雲廚使者司命灶君，並放有煮菜餚用的鍋鏟、湯勺、湯瓢、煎鏟等廚具，可見道教對灶君的敬重，廚師餐飲業視灶神為行業神明。

◆ 廚神司命灶君、易牙先師、雲廚使者的香位，供奉菜刀、湯匙廚具等。

◆ 府城施家道士家供奉灶君。

九天司命灶君，民間俗稱灶君公、灶君爺、灶神、灶王爺等。是跟我們最親近與息息相關的神明，古代農業社會，民以食為天，需煮食三餐以維生，設灶生火炊食，必祀奉灶君，可稱是家戶之神。灶君因不同的信仰有不同的封號與稱呼，道教稱「九天司命定福東廚煙主保灶護宅真君」，簡稱「司命真君」、「九天雲廚監齋使者」、「九天香廚妙供真君」、「九天司命護宅天尊」。

清代《敬灶全書》內載，灶神「受一家香火，保一家康泰。察一家善惡，奏一家功過。」傳被灶神

舉告者，大過減壽三百天，小過折壽一百日。灶神職能從最早的主管廚房伙食之火，演變為監查人間善惡，負責監督一家老小的善惡功過的保護神，每年臘月23或24，灶君都要返回天庭，向玉皇大帝報告這一家人一年來所作所為，民間都會準備甜或黏的湯圓，目的是要「甜」灶神的嘴巴，讓祂「吃甜甜，說好話」。

◆ 司命灶君。

◆ 司命灶君與小孩。

◆ 福州三把刀：菜刀、剪刀、剃頭刀。臺南市福州11縣市同鄉會供奉的易牙祖師，又稱天廚主宰。

在台灣民間的廳堂佛祖漆裡最常見為有「家堂五神」或「家堂三神」的彩繪作品，其最下層一定會有灶君公與土地公，灶君位於龍邊，其形象樣貌都繪以年輕斯文男性，面貌清秀無鬍，頭戴官帽，身著朝服，手持笏板或如意，可見其地位的重要。

灶君公在一般廟宇較少有奉祀，早期人們總會在爐灶上貼一張灶神的畫像，或在廚房牆上貼上紅紙，寫著「九天東廚司命灶君神位」，由於時代的進步，要添柴火的傳統灶爐，已被現代瓦斯爐所取代，灶神的信仰也逐漸沒落中。

1 | 2

1. 廚神易牙祖師，並以梅顛祖師、庖丁祖師為其從神。
2. 純陽祖師府司命灶君三恩主之一，林秋銘作品。

346

面相眉目清秀，地閣飽滿，眼開三分，面露微笑，耳垂厚實。

頭戴五梁冠

外觀形貌端正忠厚，正面端坐龍頭扶手圈椅

身穿紅色蟒袍

右手持如意

左手掌心向下置於腿上，食指微翹有生動感。

命相業的守護神

鬼谷子仙師與諸葛武侯

◆ 臺南濟世宮命相館林金德老師，主祀王禪老祖。

　　鬼谷子又稱鬼谷先師、鬼谷仙師、民間稱為王禪老祖、王禪祖師，在中國被尊稱為「智聖」，為歷史與傳說人物，著名的軍事家、命理學家，精通陰陽五行八卦之理，被命相業、占卜業者尊奉為行業祖師爺。相傳曾追隨太上老君學道遊歷西域，歸後於鬼谷山內潛行修練，因以鬼谷子為號，傳追隨的弟子很多，最著名的有孫臏、龐涓、蘇秦、張儀等四大弟子，被奉為縱橫家始祖，著有「無字天書」流傳於世。

　　有關鬼谷子的介紹有不少版本，最早的歷史記載見於《史記‧蘇秦列傳》：「蘇秦者，東周洛陽人也。東事師子齊，而習之於鬼谷先生。」《寧波府志》云：鬼谷子姓王名詡，西周時人；《晁公武談書志》內載：鬼谷子，戰國時人，隱居穎川陽縣的「鬼谷」中，善養性治身。

◆ 濟世宮命相館主祀的命相業祖師爺王禪老祖。

　　在臺灣以混元禪師為宗主的唯心聖教以「智聖鬼谷仙師王禪老祖」為師，在全國各地有近40個道場，並有自己的易經大學，傳授易經風水服務大眾，趨吉避凶，防患未然，將中華文化道統易經風水學在全世界弘揚。

| 1 | 2 |
| 3 | 4 |

1. 高雄茄萣雲夢仙山鬼谷仙師。
2. 臺北板橋妙雲宮主祀王禪老祖。
3. 唯心宗臺南道場王禪老祖神像。
4. 唯心宗臺南道場王禪老祖神像。

命相業亦有祀奉諸葛武侯（諸葛亮，字孔明）。

◆ 命相業亦有祀奉諸葛武侯。

◆ 關廟諸葛武侯，會右手拿王令，左手拿孫子兵書，陳信銘作品。

命相業的守護神　　349

殯葬業的守護神

■ 地藏王菩薩

　　地藏王菩薩即地藏菩薩，為佛教稱呼，在
道教稱其為「幽冥教主」，認為其是閻羅王的
化身，掌管地府，下轄十殿閻羅，檢察世人在
生前的善惡，民間相信人往生以後會到陰間地
府報到，而地藏王菩薩發有「地獄不空，誓不

◆ 臺南棺木店業因逐漸沒落，其
神明會的地藏王合祀至赤崁樓
大士殿內後殿。

成佛，眾生度盡，方證菩提」之大願，棺木業即是製造往生者入殮的壽具
業者，地藏王大願可幫亡者救贖超渡，殯葬業是幫往生處理後事圓滿的行
業，遂成其行業守護神。

1 | 2

1. 臺南市中西區的財源棺木店。
2. 臺南益成棺木店，傳統棺木店生意
都被葬儀社搶走了，喪葬市場隨著
時代的變化，也讓棺木業逐漸走入
歷史。

地藏菩薩梵名乞叉底蘗沙（Ksitigarbha）。為何取名為「地藏」是由於此菩薩有「安忍不動如大地，靜慮深密如秘藏」之德行。傳有僧姓金，號喬覺，（696年～794年），法號地藏，又名金地藏、釋地藏，生前篤信地藏菩薩，且傳說其容貌相似地藏菩薩瑞相，人們便認定他是地藏菩薩來轉世，民間稱為地藏菩薩、地藏王菩薩，是佛教四大菩薩之一（大智文殊菩薩，大行普賢菩薩，大悲觀世音菩薩，大願地藏王菩薩）。

從李若豪（釋圓海）的研究了解地藏信仰早在三國時代即傳入中國，可惜當時並未受到重視，直到唐代以後改變傳教的方式，將佛教的孝親思想與儒家的孝道結合在一起，將教義融合於民間信仰中，才逐漸受到重視而發揚光大，才有今日之形象。[1]

金喬覺，是唐朝藩屬新羅國（今韓國）金氏王族的親屬，相傳唐玄宗開元末年，法號「地藏」的僧人拋棄富貴、剃髮出家、為求佛法攜神犬諦聽航海來唐朝留學，卓錫於安徽九華山，苦行75載，99歲涅槃，弟子居士們

◆ 臺南東嶽殿中殿是地藏王菩薩殿。

◆ 臺南西港慶安宮內泥塑地藏王為福州派臺北盧山軒作品。

1. 李若豪（釋圓海），〈如何度亡與度生——地藏菩薩的救度理論研究〉，2021年，南華大學宗教學研究所論文。

在神光嶺上建「肉身寶殿」（當地人稱老爺頂），坐缸圓寂三年後，因肉身不腐顏面如生，應地藏菩薩轉世顯化之兆，並留有全身舍利，弟子遂尊其為金地藏，九華山是地藏菩薩的說法道場，也是中國佛教的四大名山之一。成為佛教信徒朝拜地藏菩薩的必到之地。

◆ 臺北五股陀靈寺石雕地藏王（1944年）。

《地藏菩薩本願經》是講「大孝」和「大願」的經典，被佛教廣為弘傳，經中傳遞了佛教的輪迴觀與因果報應，人可因懺悔而得度，臨終之人在其旁邊念誦佛菩薩的名字，使得臨終之人得以親耳或神識聽到，都可助親人於臨終前之最後時間修造功德，而不墮惡道，也因地藏之悲願可度脫亡魂往生的觀念深植人心，漢族民間宗教觀念之中，普遍認為陰間地府之事是由東嶽殿的東嶽仁聖大帝所掌管，東嶽殿內有地藏殿與十殿閻羅，祂們職掌冥間地府的事物，有關祖先、冤親債主的問題都可以找祂們解決得到救贖。

◆ 萬福庵微笑地藏王（原鐵道旁地藏王，邱火松作品）。

◆ 高雄大崗山超峰寺功德堂地藏王菩薩。

地藏王菩薩神像特色：佛教圓頂法師造型，一手持寶珠照澈天堂路，一手持錫杖打開地獄門，身騎名叫「諦聽」的靈獸，相傳是地藏菩薩的隨身坐騎，是一條白犬，曉佛理、通人性，有忠誠不二之心。

■ 新北地藏王廟

　　新北市（原臺北縣）立殯儀館內的地藏王菩薩廟是於1993年農曆7月竣工，為時任臺北縣葬儀商業同業公會理事長兼值年爐主黃發達等人發起建造，從捐獻石碑中可看出是由葬儀公司、道士壇、靈車工人業、禮品公司、紙紮店、搭壇業、棺木行等殯葬相關行業所共同出資建造而成。

1 | 2
3

1. 新北地藏王廟位於新北殯儀館內。
2. 新北地藏王廟外貌。
3. 新北地藏王廟內地藏王。

竹籐業的祖師爺

◆ 臺南六合境馬公廟開
基輔順將軍神像。

■ 唐代輔順將軍馬仁

　　臺南竹店的行業祖師爺是以六合境馬公廟的馬公爺輔順將軍馬仁為主祀神明。馬仁，河南光州人，民間尊稱為馬公爺、輔順將軍、馬舍王公、輔順王公，後來成為開漳聖王陳元光的四大部將之一。

　　相傳輔順將軍馬仁追隨著開漳聖王陳元光開漳平閩，平定閩粵三十六寨，昔時漳州尚未開發是少數民族與漢族混居之地，開發荒地士兵皆需披荊斬棘，行軍之際腳底均傷痕累累，馬仁教他們編織草鞋來穿，保護腳底，穿上草鞋後，翻山越嶺、做工趕路皆變得輕鬆自在。

　　馬仁並教原住民用用竹子來建造竹仔厝，讓原住民有房子可以住，可遮風蔽雨，有溫暖之家可以住，另教他們做竹筏、竹床、竹椅，編竹籃等

◆ 臺南六合境馬公廟主祀輔順將軍。

◆ 臺南六合境馬公廟。

◆ 竹店行業神明馬公爺。

物來改善他們的生活，造福人群。馬仁並利用竹篾塑形編成燈籠配合燈火，可以在伸手不見五指之夜晚，夜間照明。種種的發明嘉惠了漳州地方的住民，當地人感念他的恩澤，後來輔順將軍馬仁便成了竹籐業、製鞋業、紙籠燈業的祖師爺。

在中國因民間傳說的版本不同，竹編的篾匠祖師爺則有兩位，一位是木匠祖師爺魯班的師兄張班，一位是魯班的徒弟泰山，有「我真是有眼不識泰山」的典故。

竹店因逐漸被木材與塑膠等材質所取代，致使市場逐漸沒落，筆者訪問曾任二屆竹籐商業同業公會的理事長黃中春（1939～2021），在其70年的人生資歷中，見證了竹籐業的興衰史，從早期有50至60間，到現在的僅存3間，令人不勝唏噓。

在臺灣以「輔順將軍」為主神的廟宇，有以下幾座：臺中縣烏日鄉永興宮、東勢鄉復興宮、臺中市順天宮；彰化縣員林鎮鎮興廟、大城鄉萬安宮、田中鎮鎮安宮；臺南市馬公廟、宜蘭市慶和廟、礁溪鄉長興廟等。

◆ 臺南年億竹店內奉祀竹店的行業神馬公爺，原有神明會因只剩3間竹店，已沒有運作。　◆ 臺南信二竹店。

國家圖書館出版品預行編目（CIP）資料

圖解台灣行業神明圖鑑：台南體傳統工藝 / 謝奇峰著 . -- 初版 . --
臺中市：晨星出版有限公司, 2022.06
　面；　公分 . --〔圖解台灣；30〕
ISBN 978-626-320-143-9〔平裝〕

1. 民間信仰 2. 神像 3. 臺灣

272.097　　　　　　　　　　　　　　　　　111007162

線上讀者回函，
加入馬上有好康。

圖解台灣 30

圖解台灣行業神明圖鑑：台南體傳統工藝

作　　　者	謝奇峰
主　　　編	徐惠雅
執行主編	胡文青
校　　　對	謝奇峰、胡文青
美術編輯	李岱玲
封面設計	柳佳璋

創 辦 人	陳銘民
發 行 所	晨星出版有限公司
	台中市 407 工業區 30 路 1 號
	TEL：04-23595820　FAX：04-23597123
	http://star.morningstar.com.tw
	行政院新聞局局版台業字第 2500 號
法律顧問	陳思成律師
初　　　版	西元 2022 年 06 月 05 日
	西元 2023 年 04 月 10 日（二刷）

讀者專線	TEL：（02）23672044 /（04）23595819#212
	FAX：（02）23635741 /（04）23595493
	service@morningstar.com.tw
網路書店	http://www.morningstar.com.tw
郵政劃撥	15060393（知己圖書股份有限公司）
印　　　刷	上好印刷股份有限公司

定價 600 元
（如有缺頁或破損，請寄回更換）
ISBN：978-626-320-143-9
Published by Morning Star Publishing Inc.
Printed in Taiwan